하나님 예배자

하나님 예배자

스캇 브래너 지음 | 전의우 옮김

규장

| 프롤로그 |

살아 계신 하나님을
깊이 만나는 예배자가 돼라

4년 전쯤, 평소 친분이 있던 규장 출판사의 여진구 대표가 '예배'를 주제로 책을 써보지 않겠느냐고 내게 권유했다. 나는 그 제안을 놓고 한동안 기도한 후에 승낙했다. 책을 쓰는 것이 하나님의 뜻임을 감지했기 때문이다.

그때부터 나는 예배를 주제로 다양한 초안을 쓰기 시작했고, 지금도 집필에 큰 열정을 품고 있다. 그 책들도 순차적으로 출간되리라 믿는다. 하지만 나는 당시에 쓴 원고가 처음으로 출간할 책은 아니라고 말씀해 주시는 성령님의 음성을 여러 번 느꼈다. 그래서 한창 작업 중이던 원고 작업을 뒤로 미루게 되었다.

워십 인카운터

2008년 5월, 내가 사역하는 레위지파 미니스트리에서 '워십 인카운터'Worship Encounter라는 컨퍼런스를 개최했다. 워십 인카운터는 예배의

스타일이나 기술적인 면을 가르치기보다는 진정한 예배의 성경적, 영적 기반에 중점을 둔 컨퍼런스였다.

예배적 관점에서 '인카운터'는 "삶이 변화되는 하나님과의 대면"을 뜻한다. 워십 인카운터의 목적은 예배 가운데 하나님과의 깊은 만남을 체험하는 데 있었다. 그래서 참가자들이 하나님과의 친밀한 만남을 통해 진정한 영적 변화를 경험하기 원했다.

하나님의 예배자는 참으로 하나님을 알아야 한다. 우리가 성삼위聖三位 하나님(성부, 성자, 성령)께 초점을 맞추어 그분과의 관계를 깊이 살필 때, 비로소 우리는 하나님의 자녀로서 하나님 아는 것을 기뻐하시는 하나님을 알게 되고, 예수님이 성취하신 일과 예수님을 믿으라는 부르심, 구별된 제자로서 그분을 따라야 한다는 것도 이해하게 된다. 또한 성령을 받고 우리의 삶 가운데 성령님이 행하시는 새로운 일을 이해하게 되며 성령님의 인도와 권고를 따르게 된다.

워십 인카운터 집회의 반응은 뜨거웠다. 많은 사람들이 이 컨퍼런스가 자신들의 삶의 전환점이 되었다고 말했다. 나 역시 살아 계신 하나님을 깊이 만나는 특별한 시간이었다. 나는 이것이 우리의 노력으로 된 것이 아니라는 것을 잘 알고 있다. 하나님의 말씀을 통해 삶을 변화시키는 강력한 계시가 임했기 때문에 가능한 일이었다.

또 나는 성령님께서 이 기간에 전한 말씀을 바탕으로 첫 책을 쓰도록 인도하시는 것을 강하게 느꼈다. 이 책은 사흘간 진행된 컨퍼런스 중 이틀 분량의 강의 내용을 담고 있다. 성령님께 초점을 맞춘 마지막 날 강의는 두 번째 책으로 준비 중이다. 하나님은 성부, 성자, 성령이시기에 성령님에 대해 언급하지 않고 성부 하나님과 성자 예수님에 대해 이야기하는 것은 불가능하다.

하나님을 대면하는 예배

진정한 예배란 무엇인가?

> 아버지께 참으로 예배하는 자들은 신령과 진정으로 예배할 때가 오나니 곧 이때라 아버지께서는 이렇게 자기에게 예배하는 자들을 찾으시느니라 하나님은 영이시니 예배하는 자가 신령과 진정으로 예배할지니라
>
> 요 4:23,24

예수님은 하늘에 계신 아버지께서 영과 진리로 예배하는 자를 찾으신다고 하셨다. 하나님을 예배하는 자는 반드시 영과 진리로 예배해야 한다. '예배'worship란 어떤 사람이나 사물에 가치worthiness를 돌리는 행위를

포함한다. 파스칼Blaise Pascal은 하나님께서 인간을 창조하실 때, 하나님만이 채우실 수 있는, '하나님이 빚은 빈 공간'God-shaped void을 인간 속에 두셨다고 했다. 따라서 우리에게 예배는 자연스러운 것이다. 인위적으로 학습된 행위가 아니라 타고난 행위이기 때문이다. 본디 인간은 궁극적인 대상을 예배하게 되어 있다.

사람은 각자의 가치관에 따라 시간과 자원과 에너지를 어디에 사용할지 그 우선순위를 정한다. 자신이 가장 중요하게 여기는 대상을 예배하는 것이다. 따라서 예배는 우리의 종교적 가치관뿐만 아니라 일상적인 가치관까지, 모든 실제적인 의미를 포함하는 행위이다.

예수님은 이렇게 말씀하셨다.

> 네 보물 있는 그곳에는 네 마음도 있느니라 마 6:21

그러므로 예배에는 우리의 마음이라는 보물이 있어야 한다. 우리는 자신이 사랑하고 귀히 여기는 대상에게는 쉽게 마음을 연다. 만일 우리가 예배를 강요당한다면 그것은 진정한 예배가 아니다. 억지로 드리는 예배란 우리가 마음속으로 진짜 믿는 것에 반反하기 때문이다. 반면에 진정한 예배는 우리가 무엇을 믿는지 보여준다.

수가 성의 사마리아 여인이 예수님께 예배에 대해 물었다.

"예배는 어디에서 드리는 것이 옳습니까? 또 어떤 형식과 방법으로 드려야 하나요?"

예수님은 이 질문에 특정 장소나 시간에 구애받지 않고 살아 계신 하나님과 대면하는 진정한 예배를 드릴 때가 온다고 말씀하셨다. 그리고 이미 예수님 자신이 이 땅에 오셨기 때문에 그때가 성취되었다고 설명하셨다.

하나님을 찾는 사람, 예배자를 찾으시는 하나님

하나님은 예배 행위를 찾으시는 게 아니라 예배자를 찾으신다. 하나님의 눈은 세상을 살피면서 하나님을 진정으로 알기 원하는 자들을 찾으신다(시 14:2 ; 대하 16:9 ; 잠 15:3). 하나님은 전심으로 주님을 찾는 자들에게 자신을 적극적으로 나타내신다.

진정한 예배는 살아 계신 하나님과의 만남이다. 참 예배를 통해 우리가 살아 계신 하나님을 만난다면 우리는 변화될 수밖에 없다. 하나님을 만나는 예배는 영적 변화를 일으킨다.

사도 바울은 이런 변화 과정을 하나님과 얼굴을 맞대는 만남으로 표현한다.

> 우리가 다 수건을 벗은 얼굴로 거울을 보는 것같이 주의 영광을 보매 저와 같은 형상으로 화하여 영광으로 영광에 이르니 곧 주의 영으로 말미암음이니라 고후 3:18

하나님은 진정한 예배자에게 자신을 나타내신다. 우리가 하나님을 참모습 그대로 볼 때, 하나님께서는 우리를 자신의 형상으로 변화시키신다. 우리가 계속해서 하나님을 바라볼 때 점점 더 깊고 친밀한 관계를 맺게 된다. 하나님을 아는 것, 이것이 우리가 창조된 목적이다.

하나님은 인간에게 자신을 성삼위일체로 계시하셨다. 살아 계신 하나님의 아들 예수 그리스도는 하늘에 계신 아버지의 형상을 분명히 나타내신다. 그러므로 예수님을 알면 하나님을 아는 것이다. 예수 그리스도보다 더 위대하거나 귀한 것은 없다. 주님이 생명의 근원이시기 때문이다. 하나님과 인간의 친밀한 관계를 회복하러 오신 예수님을 우리가 알 때 하나님을 아버지로 알게 된다.

예배는 하나님을 사랑하는 것이다. 그리스도를 우리의 가장 귀한 보물로 여기고 사랑하고 높이는 것이야말로 아버지를 영과 진리로 예배하는 것이다. 예수님은 우리에게 "나를 따르라"라고 명령하신다. 참되신 예수님을 섬길 때, 우리는 주님을 따르게 되고 그분이 우리의 진정한 보물이 되신다. 우리가 지속적으로 예수님을 구속자(救贖者)요 주인으로 볼 때, 예수님은 우리를 변화시키시며 우리 속에 자신의 성품을 심으신다. 우리는 예수님을 믿고 따를 때 성령으로 태어난다.

하나님을 만나라는 초청장

이 책은 예배 방법을 소개하는 책이 아니라 삶을 변화시키는 관계 속에서 하나님을 만나라는 초청장이다. 당신의 가장 깊은 곳에 그리스도를 계시해달라고 성령님께 기도하며 이 책을 읽어보라. 하나님은 전심으로 하나님을 찾는 자에게 자신을 나타내신다고 약속하셨다.

> 너희가 전심으로 나를 찾고 찾으면 나를 만나리라 렘 29:13

이 책이 열매 맺을 수 있도록 함께 기도하고 동역해준 모든 이들에게 감사한다. 항상 내 곁에서 격려해준 아내 성희 브래너에게 특히 고맙다. 또 원고 정리에 도움을 준 박해인 자매, 일러스트레이션을 맡아 애써준 영석 형제와 상아 자매, 컨퍼런스 기간에 신실하게 기도하고 섬겨준 지체들에게도 감사한다. 또 이 책에 아낌없는 사랑과 지지를 보내준 나의 좋은 친구 규장에 특별한 감사를 전한다.

마지막으로 우리의 주님이자 구주이신 예수 그리스도께서 주신 영생의 선물과 그분을 믿는 모든 이에게 주려고 준비해두신 놀라운 유업에 감사한다!

스캇 브래너

프롤로그

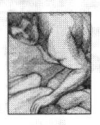

PART 1
아버지를 전심으로 갈망하는 예배자

CHAPTER 1 성령으로 거듭나야 새로운 본성으로 아버지를 사랑한다   16
CHAPTER 2 죄의 독에 쏘인 사람은 믿음의 눈으로 예수를 바라보아야 한다   31
CHAPTER 3 하나님은 예수님을 사랑하는 당신을 친히 사랑하신다   44

PART 2
하나님의 마음을 아는 참 자유 예배자

CHAPTER 4 하나님의 목적을 따라 살고 하나님의 시간에 맞춘다   58
CHAPTER 5 진정한 자유는 한마음을 품고 예수를 따르는 것이다   76
CHAPTER 6 우리 죄를 가져가시는 예수님을 만나면 결정적으로 변화한다   92

CONTENTS
| 차례 |

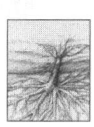

PART 3

주님 안에서
자신이 누구인지 아는 예배자

CHAPTER 7 진정한 만족을 주시는 예수님에 목마른가?　　112
CHAPTER 8 깨지고 상한 모습 그대로 자비하신 아버지께 돌아오라　　125
CHAPTER 9 예수 안에서 자신의 정체성을 깨닫고 그분 안에 거하라　　142
CHAPTER 10 예수님을 분명히 알면 즉시 그분을 따를 수밖에 없다　　161

PART 4

예수님의 부르심에
응답하는 예배자

CHAPTER 11 삶을 변화시키는 예수님의 증인이 되는 인생을 산다　　188
CHAPTER 12 십자가에서 승리하신 예수의 부르심이 들리는가?　　208
CHAPTER 13 당신의 믿음을 시작하고 완성하신 주 예수를 보라　　227

에필로그

PART 1

아버지를 전심으로
갈망하는 예배자

The worshiper who hungers for God

하나님은 우리를 향해 구체적인 소망을 가지고 계신다. 하나님의 소망은 무엇인가? 하나님께서는 영과 진리로 하나님을 예배하는 자들을 찾으신다. 하나님은 전심으로 하나님을 찾는 자들에게 자신을 나타내신다. 아버지께서는 오늘 예배하는 당신을 찾고 계신다. 당신이 예배자로서 어떻게 반응하는지에 깊은 관심이 있으시다.

WORSHIP ENCOUNTER

CHAPTER 1

성령으로 거듭나야
새로운 본성으로 아버지를 사랑한다

"더는 못하겠어요!"

아내가 고통스러운 눈빛으로 나를 바라보며 말했다.

"도와줘요!"

그때 "으악!" 하는 외마디 비명이 순식간에 산부인과 병동 전체에 울려 퍼졌고, 놀라서 달려온 네댓 명의 간호사들이 침상을 둘러쌌다. 하지만 병실에 있던 담당 간호사는 다른 간호사들에게 별일 아니라는 듯 멋쩍은 손짓을 했다. 아마 내 아내만큼 크게 소리를 지르는 사람을 본 적이 없었을 것이다.

"곧 괜찮아질 거예요. 조금만 더 참아요."

나는 아내를 다독였다. 내가 할 수 있는 일은 그것뿐이었다. 그런데 갑자기 아내가 침대에서 벌떡 일어나더니, 팔을 내저으며 말했다.

"저 그만 할래요! 생각이 바뀌었어요. 더 참고 싶지 않아요. 이제 그만두겠어요!"

나도 모르게 크게 웃고 말았다. 솔직히 웃음을 참을 수가 없었다. 물론 아내의 고통을 생각하면 웃을 상황은 아니었다. 하지만 아이를 낳다가 갑자기 그만두고 싶다는 아내의 발상이 너무 재미있었다.

"미안한데, 지금은 멈출 수가 없어요."

나는 입가에 웃음을 머금고 아내에게 말했다.

"계속 힘을 줘요!"

아내는 힘을 줬다가 소리를 질렀다가를 되풀이했다.

"지금 이 상황을 즐기고 있는 거죠?"

아내가 눈을 흘기며 말했다.

"웃어서 미안해요. 지금 잘하고 있으니까 조금만 더 힘을 내요."

나는 아내의 손을 다시 꼭 잡았다. 그렇게 우리의 첫 아이, 조슈아 새 뮤얼이 태어났다. 아이를 보는 순간 뜨거운 눈물이 와락 쏟아졌고 가슴이 뭉클했다. 나는 아내에게 조슈아를 안겨주었다. 아내는 완전히 지쳐있었지만 아기를 품에 안는 순간, 그 누구보다 사랑과 만족으로 가득한 얼굴이 되었다.

영적 자녀를 낳는 기쁨

아이가 태어나는 순간, 산모가 겪은 출산의 고통은 순식간에 기쁨으로 변한다. 귀한 생명이 세상에 태어나는 기쁨은 산모가 견딘 출산의 고통을 훨씬 초월한다.

> 여자가 해산하게 되면 그 때가 이르렀으므로 근심하나 아이를 낳으면 세상에 사람 난 기쁨을 인하여 그 고통을 다시 기억지 아니하느니라 요 16:21

예수님이 제자들을 떠나 십자가로 향하실 때, 제자들은 큰 슬픔에 잠겼다. 그러나 예수님은 제자들의 슬픔이 곧 기쁨으로 변화하리라고 말씀하셨다. 예수님은 우리를 위해 십자가에서 엄청난 고통을 견디셨고, 그 결과 영적 자녀를 낳으셨다. 예수님은 "그 앞에 있는 즐거움을 위하여"히 12:2, 즉 '영적 자녀를 낳는 기쁨'을 기대하며 십자가를 참으셨다. 우리가 하나님의 자녀가 되는 기쁨은 예수님의 십자가의 고통과 슬픔을 뛰어넘는 것이었다.

우리는 하나님이 영적 자녀를 낳으실 때 그 기쁨을 어떻게 느끼시는지 알아야 한다. 하나님께서는 우리가 하나님을 깊고 친밀하게, 완전히 알기를 바라신다. 하나님을 아는 것이 우리가 누려야 할 영생의 본질이기 때문이다.

예수님은 "죄인 하나가 회개하면 하늘에서는 회개할 것 없는 의인 아흔아홉을 인하여 기뻐하는 것보다 더하리라"눅 15:7라고 말씀하셨다. 진정한 회개와 구원 얻는 믿음은 영적 출생으로 이어지는데, 이때 온 하늘에 기쁨이 넘친다. 우리의 생명은 하나님께 귀하고, 우리의 회개와 믿음과 사랑은 하나님을 기쁘시게 한다.

나는 두 아이가 태어나는 과정을 지켜보면서 하늘에 계신 아버지의 사랑을 더 깊이 이해하게 되었다. 나도 내 자녀를 조건 없이 사랑하기에 완전한 아버지이신 하나님께서 우리를 어떻게 사랑하시는지 더 잘 알게 되었다. 하나님의 사랑은 완전하고 온전하시다. 하나님은 우리가 어린 아이와 같은 믿음으로 나아올 때, 감사함으로 하나님을 예배할 때, 하나님을 기꺼이 인정하고 하나님을 참모습 그대로 사랑할 때 기뻐하신다.

고유한 정체성

예수님은 영생永生을 아버지와 자신과의 관계로 정의定義하신다.

> 영생은 곧 유일하신 참 하나님과 그의 보내신 자 예수 그리스도를 아는 것이니이다 요 17:3

천국이 하나의 장소인데 반해 영생은 아버지와 자녀의 관계, 즉 살아 계신 하나님과 맺는 관계이다. 우리는 '생명'을 자신 속에 있는 그 무엇으로 정의하려고 한다. 그러나 생명은 하나님의 선물이다. 생명은 우리 자신이 아닌 하나님으로부터 비롯되었다.

인류는 에덴동산에서 하나님에게서 독립하라는 사탄의 유혹에 넘어갔다. 아담과 하와가 죄를 짓기 전에는 하나님으로부터 독립하지 않았다. 이들은 하나님과 완전하고 충만한 관계를 누렸다. 하나님과의 단절이나 소통의 장애는 전혀 없었다.

태초에 아담은 하나님이 만물을 지으시고, 지으신 만물을 선물로 주시고, 자신의 생명이 하나님에게서 왔다는 사실을 알았다. 아담은 자신을 하나님으로 생각하지도 않았고, 자기 속에 자신의 생명이 있다고도 생각하지 않았다. 아담은 자기에게 초점을 맞추지 않고 하나님께 초점을 맞췄다.

아담은 자신의 정체성을 결코 다른 데서 찾지 않았다. 아담에게는 왜곡된 자의식自意識이 없었다. 그는 두려움, 염려, 부끄러움, 죄책감, 의심이나 탐심을 전혀 몰랐다. 아담은 하나님과의 관계에서 완전한 안전과 진정한 의미를 체험했다. 하나님이 그를 완전하게 지으셨기 때문이다.

그러나 오늘날 인간은 자기 자신에 대한 생각으로 많은 시간을 허비한다. 자신의 시각, 자신의 느낌에 쉽게 사로잡힌다. '사람들이 나를 어떻게 생각할까? 나는 앞으로 뭘 해야 하지?' 하는 생각에 빠지곤 한다. '나, 나, 나, 나, 나에게' 아주 쉽게 초점을 맞춘다. 많은 사람들이 이런 식으로 살아간다.

본래 하나님과 누린 친밀한 교제

하나님께서는 에덴동산을 거니시면서 아담을 찾으셨다 (창 3:8,9). 아담과 이야기를 나누며 교제하기 원하실 정도로 하나님과 아담 사이에는 완전한 우정과 사랑의 신뢰가 있었다. 하나님께서는 우리와 하나님의 관계 역시 본래 이렇게 뜻하셨다. 많은 사람들이 천국에 이르기 전에는 하나님과 온전한 관계를 경험하지 못한다고 생각하는데 이런 생각은 성경적이지 못하다.

우리가 예수 그리스도 안에서 구원받은 목적은 가까스로 천국에 가는 데 있는 것이 아니다. 하나님의 계획은 완전하고 온전하며 충만한 관계 속에서 영광스럽게 우리와 화목하게 되는 것이다. 아담이 범죄하기 전에 하나님과 누렸던 온전한 친밀함을 우리도 누릴 수 있도록 관계를 회복하는 것이다.

아담과 하와가 죄를 짓기 전에는 그들이 벌거벗었지만 부끄러워하지 않았다 (창 2:25). 우리도 어린아이를 보면서 '본래의 순수' original innocence를 조금은 이해할 수 있다. 어린아이는 부모 앞에서 벌거벗은 채 있어도 부끄러워하지 않는다. 어린아이에게는 죄로 왜곡된 자의식이 없다. 어른이 되면 다르겠지만, 그래도 아직까지는 자신에게 지나치게 몰두하지도 않는다.

그런데 아담과 하와가 누린 본래의 순수는 어린아이의 순수함과는 차원이 다르다. 어린아이가 아무리 순수하다 해도 타락한 죄의 본성을 타고나기 때문이다. 하지만 아담과 하와에게는 죄의 개념이 없었다. 누군가 아담과 하와에게 '죄'를 말했다면, "죄라고 하셨나요? 그게 뭔데요?"라고 되물었을 것이다. 아담과 하와는 죄를 몰랐다. 이들은 잘못된 생각이나 행동이 무엇인지 몰랐다.

최초의 계명, 최초의 불순종, 최초의 죄

그러던 어느 날, 하나님께서 아담과 하와에게 하나의 법을 주셨다. 하나님은 열 계명이나 두 계명을 주신 게 아니라 단 하나의 계명만 주셨다.

> 선악을 알게 하는 나무의 실과는 먹지 말라 창 2:17

이 계명은 얼핏 보면, 간단하고 어렵지 않아 보인다. 하나님께서는 아담과 하와에게 "살인하지 말라"거나 "간음하지 말라"거나 그 외에 가

증스러운 행위들을 금하는 명령을 주신 게 아니다. 간단한 계명 하나를 주셨을 뿐이다. 이 최초의 금령禁令이 아주 작고 사소해 보일는지 모른다. 작은 열매 하나를 따먹는다고 무슨 큰 해害가 되겠는가? 그런데 최초의 죄가 바로 작은 열매를 따먹는 불순종이었다.

우리는 여기에서 죄가 얼마나 신속히 침투하는지 알 수 있다. 선악과를 먹고 난 인간이 범한 죄가 살인이기 때문이다(창 4:8). 그 작은 불순종 하나가 살인과 기타 모든 죄를 범할 능력과 의지를 지닌 죄의 본성을 인간 속에 낳았다니 상상하기 어렵다. 그렇지만 이런 일이 눈앞에서 일어났다.

겉으로 보기에 단순하고 뚜렷한 이 행동 때문에 아담과 하와, 즉 전 인류가 철저히 거짓되고 자기중심적이며 이기적으로 변했다. 첫 유혹은 자아를 실현하라는 것이었으나(창 3:6) 그들의 행동은 자기 몰두와 영적, 육적 죽음을 낳았다(창 3:10-13,17-19). 아담과 하와는 영적인 불순종 때문에 생명의 근원이신 하나님과 단절되었다.

가인이 동생 아벨을 죽였을 때, 살인이나 죄에 관한 법은 존재하지 않았다. 아담과 하와가 이제 더 이상 선악을 알게 하는 나무가 있는 에덴동산에서 살지 않기 때문에, 이들이 받은 첫 계명은 사실상 무용지물이 되었다. 그래도 죄에 대한 인식은 최초의 계명을 통해 왔다.

> 전에 법을 깨닫지 못할 때에는 내가 살았더니 계명이 이르매 죄는 살아나고 나는 죽었도다 생명에 이르게 할 그 계명이 내게 대하여 도리어 사망에 이르게 하는 것이 되었도다 죄가 기회를 타서 계명으로 말미암아

우리는 죄가 얼마나 신속히 침투하는지 알 수 있다. 선악과를 먹고 난 인간이 범한 죄가 살인이기 때문이다.
그 작은 불순종 하나가 살인과 기타 모든 죄를 범할 능력과 의지를 지닌 죄의 본성을 인간 속에 낳았다니 상상하기 어렵다.
그렇지만 이런 일이 눈앞에서 일어났다.

나를 속이고 그것으로 나를 죽였는지라 롬 7:9-11

그 결과, 인류는 죄를 경험하고 죄를 알게 되었다. 죄는 인간의 마음을 통해 정체를 드러냈다. 죄는 하나님이나 다른 누구도 생각하지 않는 철저하고 완전한 이기심이다.

죄의 본성 vs 거듭난 본성

성경은 사람이 열 개의 율법 가운데 아홉 개를 지키고 하나만 범해도 전부 범했다고 말한다(약 2:10). 인간은 선善을 행한다고 의롭다함을 얻지 못한다. 모든 사람이 죄를 범하였으므로 하나님의 영광에 이르지 못하기 때문이다(롬 3:23). 그런데도 사람들은 율법을 지키고 착하게 살려고 노력하기만 하면, 하나님이 자신을 의롭게 여기실 거라고 착각한다. 자신이 최선을 다하고 남을 해치지 않으면 의롭다함을 받을 수 있다는 믿음도 잘못되었다. 우리는 하나님이 주신 율법을 통해 자신의 죄악 된 본성을 알게 될 뿐이다.

> 사람이 의롭게 되는 것은 율법의 행위에서 난 것이 아니요 오직 예수 그리스도를 믿음으로 말미암는 줄 아는 고로 우리도 그리스도 예수를 믿나니 이는 우리가 율법의 행위에서 아니고 그리스도를 믿음으로서 의롭다 함을 얻으려 함이라 율법의 행위로서는 의롭다 함을 얻을 육체가 없느니라 갈 2:16

작고 사소해 보이는 한 번의 죄 때문에, 온 인류가 죄의 본성에 빠졌다(롬 5:19 ; 고전 15:22 참조). 세상의 모든 잘못을 거슬러 올라가면 '원죄' original sin와 만난다. 우리는 죄악 된 세상에 태어났으며, 아담으로부터 죄성罪性을 물려받았다. 다윗도 이 사실을 깨닫고 자신이 죄 가운데 잉태되었고 죄인으로 태어났다고 고백했다.

> 내가 죄악 중에 출생하였음이여 모친이 죄 중에 나를 잉태하였나이다
> 시 51:5

인간이 죄의 본성을 타고나 죄의 문화에 잠겼듯이, 하나님께서는 구원 계획을 통해 우리에게 새로운 본성을 주시고 우리가 하늘의 문화에 잠기기를 원하신다. 인간의 죄악 된 본성은 자연히 육신의 것에 집착한다(롬 7:5, 8:3 ; 갈 3:3, 5:13 ; 엡 2:3 ; 골 2:11 ; 벧후 2:10 ; 요일 2:16 참조). 인간은 잠시 자신의 육신을 부정할 수는 있으나 육신을 궁극적으로 바꾸지는 못한다.

> 전에는 우리도 다 그 가운데서 우리 육체의 욕심을 따라 지내며 육체와 마음의 원하는 것을 하여 다른 이들과 같이 본질상 진노의 자녀이었더니
> 엡 2:3

죄의 본성 자체가 죄의 본성을 바꾸거나 다스릴 수 없다. 당신에게 있는 죄의 본성을 지배하려면 그것보다 더 큰 힘이 필요하다. 그 힘은 어디에서 나오는가? 우리가 예수 그리스도를 믿을 때라야 새로운 본성

을 받는다(갈 6:15).

예수님은 "네가 거듭나야 하겠다"라고 말씀하셨다(요 3:7). 진정한 예배는 사람이 거듭날 때 시작된다. 그리스도를 믿고 거듭나면 하나님을 사랑하는 새로운 본성을 받는다. 물론 사람이 거듭나기 전에도 옳은 행동을 할 수 있다. 자신의 행동을 예배 형식에 맞춰 하나님을 예배하려고 한다 해도 정작 그 내면에는 그분을 예배하려는 진정한 마음이 없을 수 있다. 바로 타락한 본성 때문이다.

혈血과 육肉은 하나님나라를 유업으로 받을 수 없다(고전 15:50). 죄악된 옛 본성은 하나님의 요구를 따르고 이행하지 못한다. 거듭나지 않으면 하나님나라나 영적인 것을 이해할 수 없다(요 3:3). 그리스도를 믿음으로써 새로운 본성을 선물로 받을 때까지, 인간은 하나님을 진정으로 사랑할 수 없다.

거듭나지 않은 사람도 죄를 지으면 어느 정도 죄책감을 느낀다. 그러나 죄와 효과적으로 싸우지는 못한다. 거듭나지 못한 사람에게는 옛 본성의 충동을 물리칠 새로운 본성이 없기 때문이다. 비록 그것이 잘못이라는 사실을 알거나 잘못이라고 생각하더라도, 그는 단지 자신의 타락한 본성을 따를 뿐이다(엡 2:2,3).

의로 여겨주시는 믿음

하나님은 우리의 거듭남을 통해 우리와의 관계를 회복하려고 하신다. 명목상의 회복이 아니라 진정한 자유를 얻는 회복을 이루려고 하신다(요 8:36 참조).

우리가 예수 그리스도를 믿을 때, 하나님은 우리를 의롭다고 선언하신다(행 13:39 ; 롬 3:24,28, 4:25, 5:1,9, 8:30 ; 고전 6:11 ; 갈 2:16,17, 3:24 ; 딛 3:7 참조). 우리는 그리스도를 믿음으로 말미암아 은혜로 값없이 구원을 선물로 받는다(엡 2:8,9). 하나님은 우리를 의롭다고 선언하실 뿐만 아니라 자신의 의義를 우리에게 돌리신다accredits. 다시 말해서 하나님은 우리를 의롭다고 선언하심으로써 자신의 의를 우리에게 전가시키시고imputes, 새로운 본성을 통해 자신의 의를 우리에게 전이하신다imparts.

하나님께서는 아브람이 많은 민족의 아버지가 되게 하리라고 약속하셨다(창 15:5). 아브람은 하나님을 믿었고, 하나님은 그의 믿음을 의로 여기셨다(창 15:6 ; 롬 4:3). 나중에 하나님께서는 아브람의 이름도 아브라함으로 바꿔주셨다. 아브라함이 하나님의 약속을 믿었듯이, 그의 믿음에 맞게 이름을 바꿔주신 것이다. 하나님은 아브라함에게 새로운 영적 신분, 즉 하나님의 약속을 선포하고 확증하는 신분을 주셨다.

당신도 하나님이 주신 의義의 약속을, 그리스도 안에서 믿음으로 적용할 수 있는가? 바울은 아브라함이 누린 복이 우리가 예수 그리스도 안에서 누릴 복이라고 말한다(롬 4:23-25 참조).

> 그러므로 믿음으로 말미암은 자는 믿음이 있는 아브라함과 함께 복을 받느니라 갈 3:9

아브라함이 하나님을 믿어 의롭다함을 받았듯이, 우리도 예수 그리스도를 믿을 때 의롭다함을 받는다. 아브라함의 본성은 완전히 의롭지 않았다. 모든 사람이 죄를 짓듯이 아브라함도 예외 없이 실수했다. 하지만 그의 믿음이 하나님을 기쁘시게 했으며, 하나님은 그의 믿음을 의로 인정하셨다.

당신이 경영하는 회사가 심각한 채무 상태에 빠졌다고 생각해보라. 통장의 잔고는 바닥이 나고 이미 마이너스로 돌아서 빚을 갚을 길이 없다. 그런데 어느 날 회계 장부를 확인하다가 깜짝 놀라고 만다. 빚이 완전히 없어진데다가 통장에 잔고도 엄청나게 많아진 것이 아닌가! 즉시 은행에 전화를 걸어 확인해보니, 누군가 큰돈을 당신의 계좌로 이체한 것으로 드러났다. 이것을 '돌려진 의'(전가된 의)라고 설명할 수 있다.

'돌려진 의' accredited righteousness는 단순히 '위치적 의' positional righteousness, 곧 명목상 의가 아니다. 위치적 의가 회계 장부상으로는 흑자 상태이지만 실제로 검증하거나 확인할 수 없는 명목상의 흑자를 의미한다면, 돌려진 의는 실제로 귀속되고 전가된 의, 그러니까 실질적인 흑자를 의미한다.

하나님은 예수 그리스도의 은혜를 믿는 우리의 믿음을 통해 우리를 의롭다고 선언하신다. 우리는 믿고 거듭남으로써 하나님의 본성을 받는다. 그러므로 이제 우리 속에 하나님의 의로운 본성이 있다. 우리는 새로운 이름과 새로운 본성을 선물로 받았다.

보라 새것이 되었도다

하나님께서는 거듭난 신자의 내면에 자신의 '성품'(본성)을 심으신다. 이제 우리 속에는 '신의 성품' divine nature이 있다 (벧후 1:4 ; 행 17:29). 다시 말해서 우리가 받은 새로운 성품 때문에 우리는 하나님을 사랑하는 것이 자연스러워진다.

우리가 예수 그리스도를 통해 하나님과 화목하기 전에는 하나님과 원수였다(롬 5:10). 원수를 향한 마음에는 사랑이 없다. 따라서 당신이 아무리 노력한다 하더라도 구원받기 전에는 하나님을 진정으로 사랑하지 못한다. 인간은 하나님을 사랑할 능력이 없으면서도 자신의 노력만으로 하나님을 사랑하려고 애쓴다. 성경은 이것을 '외식'外飾이라고 말한다.

'외식'hypocrisy은 "배우"를 뜻하는 헬라어 '히포크리테스'hypokrites를 번역한 것이다. 어떤 배우들은 관객들을 진짜라고 믿게 할 만큼 연기력이 아주 뛰어나다. 그렇더라도 이들은 단지 자신이 맡은 역할을 연기하는 것뿐이다. 마찬가지로 많은 사람들이 외적으로 드러나는 행위로만 그리스도인의 삶을 살려고 한다. 그러나 하나님께서는 우리가 배우처럼 어떤 역할을 연기하듯이, 그리스도인의 삶을 겉으로만 꾸미는 것을 바라지 않으신다. 거듭나기 전의 인간은 하나님을 사랑하려고 하지 않는다. 이것이 옛 본성의 본질적인 상태이다.

인간에게 정말 필요한 것은 새로운 본성이다. 그리스도를 믿음으로써 새로운 본성을 받으면, 그 새로운 본성이 진정한 자신이 된다. 성경은 옛 사람이 죄 때문에 이미 죽었다고 말한다(롬 6:11 ; 골 3:3).

> 또 그리스도께서 너희 안에 계시면 몸은 죄로 인하여 죽은 것이나 영은 의를 인하여 산 것이니라 롬 8:10

죄를 기뻐하며 사는 사람은 살아 있으나 실상은 이미 죽은 자와 같다(딤전 5:6 ; 엡 2:1). 삶을 즐기는 것처럼 보여도 이런 삶은 허상에 불과하다. 세상과 세상의 것들은 다 지나가기 때문이다(요일 2:17 ; 고전 7:31 ; 사 40:8). 오직 예수 그리스도의 나라만이 영원하다. 반대로 새로운 본성을 받고 거듭났다면 영원히 살며 절대로 죽지 않는다(요 11:26 ; 요일 3:14). 새로운 본성은 영원하기 때문이다(벧전 1:23).

우리는 예수 그리스도 안에서 새롭게 창조되었다.

> 그런즉 누구든지 그리스도 안에 있으면 새로운 피조물이라 이전 것은 지나갔으니 보라 새것이 되었도다 고후 5:17

영생은 하나님을 아는 것이고(요 17:3), 성령으로 새롭게 태어나 아버지와 아들과 살아 있는 관계를 갖는 것이다. 예수님은 "육으로 난 것은 육이요 성령으로 난 것은 영이니"요 3:6 라고 말씀하셨다. 우리는 성령으로 거듭나 그리스도를 믿음으로써 하나님을 사랑하는 새로운 본성을 받는다. 우리는 하나님과의 영원한 관계 속에서 영원히 살 것이다.

말할 수 없이 놀라운 은사를 주신 하나님께 감사하라!

WORSHIP ENCOUNTER

CHAPTER 2

죄의 독에 쏘인 사람은
믿음의 눈으로 예수를 바라보아야 한다

AD 386년 여름, 어거스틴이 밀라노 인근 한 작은 마을에 머무르고 있었다. 당시 그는 삼십 대 청년이었고, 성경과 기독교에 심취해 있었다. 어거스틴은 독실한 그리스도인이었던 어머니 모니카 덕분에 어릴 때부터 기독교 신앙의 핵심을 들으며 자랐다. 그러나 어거스틴은 자신이 과거에 지은 죄 때문에 고통스러워했으며, 자신에게 죄의 충동에서 벗어날 능력이 없음을 깨닫고 절망했다.

어느 날 어거스틴이 정원에 있는데, 담장 너머로 아이들의 노랫소리가 들려왔다.

"집어 읽으라, 집어 읽으라" Tolle lege, Tolle lege.

어거스틴이 한 번도 들어본 적 없는 노래였다. 처음에는 그저 아이들이 하는 놀이려니 했다. 그런데 순간 그는 이것이 하나님의 명령일는지도 모른다는 생각이 들었다. 어거스틴은 얼른 성경을 집어 들었고 책을 펴서 가장 먼저 눈에 들어오는 구절을 읽었다.

> 낮에와 같이 단정히 행하고 방탕과 술 취하지 말며 음란과 호색하지 말며 쟁투와 시기하지 말고 오직 주 예수 그리스도로 옷 입고 정욕을 위하여 육신의 일을 도모하지 말라 롬 13:13,14

어거스틴이 이 구절을 읽는데, 갑자기 하나님의 계시의 빛이 자신의 마음을 채우는 느낌이 들었다. 하나님께서 그에게 직접 하시는 말씀 같았다. 어거스틴은 즉시 죄의 충동에서 해방되었고, 이듬해 밀라노의 감독 암브로스에게 세례를 받았다. 그는 독실한 신자이자 영향력 있는 신학자가 되었다.

어거스틴은 후에 《참회록》에서 자신의 회심回心 사건을 돌아보면서 이렇게 기도했다.

"주께서 주님을 위해 우리를 지으셨으므로 주님 안에서 안식할 때까지 우리 마음에는 안식이 없습니다."

그리스도인은 의식적으로 새로운 본성을 따라 살아야 한다. 우리는 주 예수 그리스도로 옷 입어야 하며, 새로운 본성이라는 선물을 삶에 적용해야 한다. 이렇게 할 때, 우리는 죄와 유혹을 영적으로 다스리는 법을 배운다.

육신의 일을 도모하지 말라

우리가 거듭나서 예수 그리스도 안에서 새로운 피조물이 되었는데도 우리는 죄에 빠진다(롬 7:23 ; 요일 1:7-10). 그 이유는 무엇인가? 우리가 흙으로 지어진 육체에 거하며, 우리의 옛 본성이 아직 우리 안에 남아 있기 때문이다. 아직까지 우리의 육신은 육적肉的인 것을 추구한다.

> 내 속 곧 내 육신에 선한 것이 거하지 아니하는 줄을 아노니 원함은 내게 있으나 선을 행하는 것은 없노라 **롬 7:18**

인간의 육신에는 죄악 된 마음의 옛 본성이 거한다. 이것은 인간의 육신이 악하다는 뜻이 아니라 죄 때문에 타락했다는 뜻이다. 예수님은 죄의 문제가 본질적으로 육신이 아니라 마음과 관련이 있다고 말씀하셨다.

> 입에서 나오는 것들은 마음에서 나오나니 이것이야말로 사람을 더럽게 하느니라 마음에서 나오는 것은 악한 생각과 살인과 간음과 음란과 도적질과 거짓 증거와 훼방이니 이런 것들이 사람을 더럽게 하는 것이요 씻지 않은 손으로 먹는 것은 사람을 더럽게 하지 못하느니라 **마 15:18-20**

그리스도의 완전한 신성神性은 죄가 없으며 의義를 사랑한다(요일 2:29, 3:9). 또 새로운 본성은 영원하다. 우리는 예수 그리스도의 형상으로 다시 태어났고 죄의 권세에서 해방되었다.

> 죄가 너희를 주관치 못하리니 이는 너희가 법 아래 있지 아니하고 은혜 아래 있음이니라 롬 6:14

'주관'dominion 은 타인에 대한 권세와 힘을 행사한다는 뜻이다. 우리가 예수 그리스도 안에서 하나님의 은혜를 체험하기 전에는 죄가 우리를 절대적으로 지배했다. 세상은 악한 자(마귀)의 손아귀에 있었다. 그러나 이제 우리는 예수 그리스도의 은혜로 자유해졌다. 우리는 더 이상 육신에게 복종해야 하는 채무자가 아니라 그리스도께 빚진 자이다. 우리는 새롭게 내주(內住)하시는 그리스도의 본성을 통해 육신에 대한 지배권을 받았다.

> 그러므로 너희는 죄로 너희 죽을 몸에 왕 노릇 하지 못하게 하여 몸의 사욕을 순종치 말고 롬 6:12

거듭난 신자의 새로운 본성

그리스도인의 삶의 주된 목표는 그리스도 안에서 새로운 본성에 따라 사는 법을 배우는 것이다. 성경은 우리 몸이 반드시 썩지 않을 몸을 입어야 한다고 말한다(고전 15:53). 우리는 장차 썩지 않을 몸, 새로운 몸을 입을 것이지만, 하나님께서는 이미 그분의 본성을 우리에게 주셨다. 우리가 그리스도 안에서 새로운 피조물이 되었다는 말이 바로 이런 뜻이다. 새로운 피조물이란 새로운 본성의 새로운 당신 자신이다. 옛 피조물이 하나님에게서 비롯되었듯이 새로운 피조물도 하나님에게서 비롯된다. 우리는 그리스도를 믿는 구원의 믿음을 통해 새로운 본성을 받는다.

사람이 구원을 주시는 예수 그리스도를 믿을 때, 하나님은 자신의 본성을 그 사람의 마음에 기록하신다(렘 31:33 ; 히 8:10, 10:16). 예수님은 "사람이 거듭나지 아니하면 하나님나라를 볼 수 없느니라"요 3:3라고 말씀하셨다. '거듭난다'는 것은 "하나님의 성령으로 난다"라는 뜻이다. 성령은 '신의 성품'을 지닌 영적 자녀를 낳으신다. 사람은 혈과 육으로 태어나듯이, 예수 그리스도를 믿을 때 하나님의 성령으로 새로 태어난다. 하나님은 영적 자녀를 출산하신다. 당신 속에 그분 자신의 본성을 낳으시는 것이다.

이것은 많은 사람들이 이해하기 어려워하는 부분이다. 아직도 그들 속에 죄악 된 생각과 습관이 있기 때문이다. 우리는 신의 성품을 지닌 하나님의 자녀이면서도 육적인 부분에서 계속 갈등한다. 바울은 이 갈등을 이렇게 묘사한다.

> 내 속사람으로는 하나님의 법을 즐거워하되 롬 7:22

'속사람' inward man이란 '새로운 본성'을 말한다. 거듭난 신자는 하나님을 사랑하는 새로운 본성을 받는다. 그는 하나님을 예배하려는 새로운 내적 본성을 갖게 되고, 본성적으로도 하나님을 기쁘시게 하며 그분 가까이 가기를 갈망한다. 하나님의 형상으로 재창조된 우리의 새로운 본성은 완전하고 영원하다. 절대 죽지 않으며 영원히 살아 있다.

그러나 또 다른 법, 즉 또 다른 영적 원리가 우리 속에서 작용한다.

> 내 지체 속에서 한 다른 법이 내 마음의 법과 싸워 내 지체 속에 있는 죄의 법 아래로 나를 사로잡아 오는 것을 보는도다 롬 7:23

하나님의 법을 즐거워하는 속사람, 새로운 본성과 다르게 '죄의 법'은 타락한 인간의 죄악 된 옛 본성이다. 성경은 이 죄의 본성이 우리의 지체, 즉 우리의 육신에 거한다고 말한다.

신약에서 '육신'flesh을 가리키는 헬라어는 '사륵스'sarx인데, 직접적으로는 '살'flesh을 의미한다. 몇몇 영어성경에서는 육신flesh을 '죄의 본성' sin nature이라고 번역했는데, 이것은 사륵스에 대한 의미론적 번역으로 좀 더 개념적이라고 느껴진다. 우리 육신에 거하며 육신 속에서 자신을 드러내는 타락한 죄성은 분명히 실재實在한다. 이것이 "너희 '몸'을 하나님이 기뻐하시는 거룩한 산 제사로 드리라 이는 너희의 드릴 영적 예배니라"롬 12:1라고 명령하는 한 가지 이유이다.

몸이 죽고 영이 사는 것

인간은 하나님의 형상imago dei으로 창조되었다창 1:26,27 ; 골 3:10 ; 엡 4:24). 하나님께서 우리의 몸을 창조하셨기 때문에 우리의 몸 자체는 악하지 않다. 다윗은 "내가 주께 감사하오음은 나를 지으심이 신묘막측하심이라"시 139:14라고 노래했다. 살아 계신 하나님을 예배하는 자는 하나님이 지으신 모든 것이 선하다는 것을 인정한다. 그러나 타락한 죄의 본성은 악하며, 우리의 육신에, 우리의 지체에 거한다.

거듭난 신자 속에는 성령이 거하신다. 사도 바울은 성령을 가리켜 부활의 영, 즉 "그리스도 예수를 죽은 자 가운데서 살리신 이가 너희 안에 거하시는 그의 영"롬 8:11이라고 말한다. 이제 우리는 거듭남을 통해 그리스도 안에서 영원히 살게 된다. 또한 내주하시는 성령께서 우리의 죽을 몸에 생명을 주신다.

> 그리스도께서 너희 안에 계시면 몸은 죄로 인하여 죽은 것이나 영은 의를 인하여 산 것이니라 롬 8:10

주위에서 매일 바쁘게 살아가는 사람들을 보면 활기가 넘쳐 보인다. 그러나 그리스도를 믿지 않으면 죄 때문에 죽은 상태이다. 오직 그리스도 안에 있는 자만이 참으로 살아 있다고 할 수 있다.

죄의 해독제

하나님께서는 아담에게 "네가 (선악과를) 먹는 날에는 정녕 죽으리라"창 2:17라고 말씀하셨다. 그런데도 아담과 하와는 하나님의 명령에 불순종하고 선악과를 먹었다. 선악과를 먹은 다음 처음에 이들은 '이봐, 우린 죽지 않았어!'라고 생각했을지 모른다. 그러나 선악과를 먹는 순간, 두 사람은 모두 죽었다. 영적靈的으로 죽었다. 하나님과 이들의 친밀한 관계가 끊어졌기 때문이다.

포도나무에서 잘린 가지처럼, 이들은 생명의 근원이신 하나님에게서 잘려 나갔다. 불순종하는 순간, 죽음의 과정은 즉시 시작되었으며, 이들은 육적으로도 죽었다. 잘린 가지는 살아 있는 것처럼 보일는지 모르지

포도나무에서 잘린 가지처럼, 이들은 생명의 근원이신 하나님에게서 잘려나갔다.
불순종하는 순간, 죽음의 과정은 즉시 시작되었으며, 이들은 육적으로도 죽었다.
잘린 가지는 살아 있는 것처럼 보일는지 모르지만 결국 시들어버린다.

만 결국 시든다. 독약을 마시자마자 "독약을 마셨는데도 안 죽었어!"라고 말하겠는가? 독이 퍼지려면 얼마만큼의 시간이 걸린다. 해독제를 투여하지 않으면 그 독은 결국 사람을 죽인다.

우리 모두 죄의 독에 쏘였다. 해독제가 없으면 독이 치명적으로 작용하는 것은 시간문제이다. 죄의 결과는 죽음이다. 어떤 사람은 이 사실을 알고 나서 고민하며 걱정하고, 또 어떤 사람은 더는 생각하고 싶지 않다면서 모른 척하며 살아간다. 그러나 길이 있다. 예수 그리스도를 통해 주시는 영생의 선물이야말로 죄의 독을 없애는 해독제이다.

누군가 독사에 물렸다면 어떻게 해야 하는가? 재빨리 의사에게 달려가 적절한 해독제를 얻어야 하지 않겠는가? 하나님께서는 거역하고 원망하는 이스라엘 백성들을 광야에서 심판하셨다. 이스라엘 백성에게 불뱀을 보내셨고, 많은 사람들이 그 불뱀에 물려 죽었다. 이때 모세가 하나님께 부르짖었고 하나님께서 한 방법을 알려주셨다. 모세에게 놋뱀을 만들어 모두가 볼 수 있게 장대에 매달라고 하셨다. 하나님은 독사에 물린 자들은 반드시 놋뱀을 바라보아야 하며, 그러면 낫는다고 말씀하셨다 (민 21:9).

예수님도 니고데모에게, 하나님의 아들이 십자가에 높이 들리고 우리의 죄 값을 친히 담당하리라고 말씀하셨다.

> 모세가 광야에서 뱀을 든 것같이 인자도 들려야 하리니 이는 저를 믿는 자마다 영생을 얻게 하려 하심이니라 요 3:14,15

치명적인 죄의 독에 쏘인 사람이라면 믿음으로 그리스도를 바라보아야 한다. 그러면 죄에서 해방된다. 예수 그리스도를 바라보는 것이 해독제이다. 광야에서 믿음으로 놋뱀을 바라본 이들은 육체적인 치유와 해방을 경험했다. 우리도 십자가에 높이 달리신 구원자를 바라볼 때 영생을 선물로 받는다. 생명의 근원으로부터 영생을 선물 받는 것이다. 예수님 안에 있는 생명의 선물이 우리를 회복하고, 치유하고, 해방하고, 구원한다.

거듭남이 가장 큰 기적이다!

가장 큰 기적은 거듭남이다. 이스라엘 백성들은 놋뱀을 바라보았을 때 치유되었다. 그런데 육체는 치유되었을지 몰라도 그중 많은 사람들이 진정한 내적 변화를 경험하지 못했다. 그들은 계속해서 불평하고 하나님을 거역했다.

우리는 영적 변화라는 더 큰 기적을 체험해야 한다. 거듭남이라는 놀라운 기적을 말하면서 육체의 치유와 기적의 능력을 부인한다면 말이 안 된다. 하나님을 믿는다는 것은 곧 기적을 믿는다는 것이다. 하나님은 기적의 하나님이시기 때문이다. 예수님은 믿는 자들에게 표적과 기사가 따른다고 약속하신다.

원죄는 인류에게 영적 죽음과 육체적 죽음을 초래하였다. 그러나 우리가 그리스도를 믿을 때 영적 죽음이 영적 생명으로 대체되었다. 우리는 거듭남을 통해 그 무엇과도 비교할 수 없는 영생을 선물로 받는다.

거듭난 그리스도인이 받은 새 생명은 단지 영적으로 영생을 주는 데 그치지 않는다. 모든 신자의 마음에 있는 부활의 영을 통해서 육체적인 건강의 복도 받는다. 예수 그리스도를 죽은 자 가운데서 살리신 성령께서 모든 참 신자 속에 거하신다.

> 예수를 죽은 자 가운데서 살리신 이의 영이 너희 안에 거하시면 그리스도 예수를 죽은 자 가운데서 살리신 이가 너희 안에 거하시는 그의 영으로 말미암아 너희 죽을 몸도 살리시리라 롬 8:11

십자가, 그 역전의 은혜

예수님은 십자가에서 우리를 대신하여 저주를 받으심으로써 죄의 저주를 끊으셨다. 예수님은 죽으심으로 죄와 사망의 권세를 영원히 멸하셨고, 부활을 통해 죄와 사망을 이기는 권세를 입증하셨다. 그리스도의 부활의 능력은 그분을 믿는 믿음을 통해 우리 안에 거할 뿐 아니라 우리의 육신에도 생명을 준다.

그리스도의 속죄에는 치유의 능력이 있다(사 53:5). 예수님의 보혈은 구속救贖의 능력이 있어, 그 능력이 우리의 삶 가운데 죄의 저주가 초래한 결과를 뒤바꿔놓는다. 원죄를 통해 질병과 고난과 죽음이 왔다. 하지만 "하나님의 아들이 나타나신 것은 마귀의 일을 멸하려 하심"요일 3:8이다. 예수님도 "내가 온 것은 양으로 생명을 얻게 하고 더 풍성히 얻게 하려는 것이라"요 10:10라고 말씀하셨다.

성령충만한 삶은 풍성하고 회복되는 삶이다. 예수님은 자신이 십자가에서 이루신 일을 통해, 우리에게 용서와 회복과 온전함을 주기 원하신다.

> 내 영혼아 여호와를 송축하며 그 모든 은택을 잊지 말지어다 저가 네 모든 죄악을 사하시며 네 모든 병을 고치시며 네 생명을 파멸에서 구속하시고 인자와 긍휼로 관을 씌우시며 좋은 것으로 네 소원을 만족케 하사 네 청춘으로 독수리같이 새롭게 하시는도다 시 103:2-5

신자는 새로운 본성을 받은 하나님의 자녀이기 때문에 이런 놀라운 은혜를 입는다. 우리는 장차 천국에 들어갈 뿐만 아니라 지금도 내주하시는 부활의 영이 베푸시는 놀라운 복을 누릴 수 있다.

믿음의 눈으로 예수를 보라

죄는 더 이상 신자의 삶을 지배하지 못한다. 우리가 그리스도를 믿음으로써 죄의 권세에서 해방된 것이다. 우리는 육신을 따라 살지 않고 성령을 따라 사는 법을 배워야 한다. 새로운 본성을 따라 살아야 한다. 이것이 그리스도의 제자가 실천해야 할 생활방식이다.

성경은 우리가 예수님을 보는 즉시 변화된다고 말한다. 우리는 그분처럼 될 것이다. 썩을 것이 썩지 않을 것을 입으며, 죽을 것이 죽지 아니함을 입을 것이다. 그 영광스러운 날이 이를 때까지 우리는 하나님의 자녀로서 영광스러운 자유의 삶을 살아야 한다.

> 사랑하는 자들아 우리가 지금은 하나님의 자녀라 장래에 어떻게 될 것은 아직 나타나지 아니하였으나 그가 나타내심이 되면 우리가 그와 같을 줄을 아는 것은 그의 계신 그대로 볼 것을 인함이니 요일 3:2

당신은 예수님을 그분의 참모습 그대로 볼 수 있는가? 당신이 믿음의 눈으로 예수님을 볼 때, 당신은 그분과 같은 형상으로 변화하여 영광으로 영광에 이르게 된다. 그 예수를 바라보라. 신실하신 예수님은 성령을 통해 우리 속에서 시작하신 일을 완수하신다.

믿음의 주요 또 온전케 하시는 이인 예수를 바라보자 히 12:2

WORSHIP ENCOUNTER

CHAPTER 3

하나님은 예수님을 사랑하는
당신을 친히 사랑하신다

우리가 미주리 주(州)에 있는 캔자스 시티의 한 아파트에 살았을 때, 아파트 뒤편에는 한적한 호수가 있었다. 나는 가끔 그 호숫가를 거닐며 기도하곤 했다. 그곳은 내가 생각을 정리하고 하나님과 단둘이 교제하는 장소였다.

"아빠, 어디 가세요?"

조슈아는 내가 어디를 갈 때마다 물었다.

"아빠는 호숫가에 가려고 해."

"저도 같이 가도 돼요?"

아이가 간절한 눈빛으로 나를 쳐다보았다. 나는 순간 멈칫했다. 기도할 내용이 많았기 때문이다. 그때 아내가 거들었다.

"같이 가세요."

"그래, 같이 가자. 조슈아!"

내 말이 끝나기가 무섭게 아이는 신이 나서 겉옷을 챙겨 입었다. 호숫가에 이르자, 나는 호수 위로 조약돌 몇 개를 던졌다. 조슈아는 이상하다는 듯이 나를 바라보았다.

"아빠, 왜 돌을 호수에 던져요?"

"이렇게 하는 걸 물수제비라고 한단다. 아빠가 던진 돌이 물 위로 몇 번이나 튀기는지 보는 거야. 아빠가 하는 걸 잘 보고 한번 따라해보렴."

나는 조슈아의 손에 작은 돌을 쥐여주고 어떻게 던지는지 가르쳐주었다. 내가 돌을 던지자 그 돌이 호수 위로 서너 번 튀기었다.

"제가 해볼게요. 아빠."

하지만 조슈아가 던진 돌은 진흙투성이인 호수 기슭으로 떨어졌다.

"잘했어, 조슈아!"

나는 격려했지만, 조슈아는 퍽 실망한 눈치였다.

"아빠, 전 못하겠어요. 제가 하면 안 되는 걸요."

"계속 연습해보렴. 아빠도 아주 오랫동안 연습했단다."

그런데 조슈아가 주변을 살피더니 큰 돌을 발견하고는 그 돌을 들려고 했다. 하지만 그 돌은 조슈아가 들기에 벅차 보였다. 그런데도 조슈아는 그 큰 돌을 끌고 호수 가까이 가져왔다.

"뭘 하려고 그러니?"

"아빠, 전 이 돌을 던지려고요!"

"아빠 생각에 그 돌은 던지기에 너무 커 보이는구나."

하지만 조슈아는 끝내 큰 돌을 들어서 호수에 던졌다. 첨벙! 조슈아의 얼굴이 기쁨으로 빛났다.

"아빠, 보세요! 제 돌이 아빠 돌보다 더 큰 소리를 냈어요!"

나는 조슈아를 향해 웃었다.

"그래, 정말 그렇구나."

우리는 큰 돌을 집어 들어서 호숫가에 던지며 누가 던진 돌이 더 큰 소리를 내는지 시합을 했다. 내가 호숫가에 서서 기도할 때 성령님께서 내 마음 가운데 이렇게 말씀하셨다.

"스캇, 나도 네가 그저 나와 함께하고 싶어서 나에게 올 때가 너무 좋다. 네가 나를 사랑할 때 내 마음이 움직이지. 나는 항상 너를 위한 시간을 마련해둔단다."

그 후로 나는 호숫가에 갈 때마다 조슈아를 데려갔다. 우리는 같이 물수제비를 뜨고, 오리에게 먹이를 주면서 즐거운 시간을 보냈다.

친히 사랑하심

예수님은 잡히시던 날 밤에, 제자들에게 자신이 곧 떠날 것을 말씀하셨다. 제자들은 깊은 슬픔에 잠겼다. 예수님은 자신이 아버지께로 갈 것을 제자들에게 말씀하셨다.

> 그날에 너희가 내 이름으로 구할 것이요 내가 너희를 위하여 아버지께 구하겠다 하는 말이 아니니 이는 너희가 나를 사랑하고 또 나를 하나님께로서 온 줄 믿은 고로 아버지께서 친히 너희를 사랑하심이니라
>
> 요 16:26,27

예수님은 이 말씀을 하시기 전까지 제자들과 함께 사역하면서, 그들을 가르치고 훈련하고 자신과 아버지의 관계를 설명하셨다. 이제 예수님은 제자들에게 하나님 아버지와 자녀의 관계를 맺는 방법을 가르쳐주려고 하신다. 그전까지 제자들은 자신의 아버지를 나타내시는 예수님에게 귀 기울이는 데만 익숙했고, 그들 자신이 그 아버지와 직접 교제하게 되리라고는 전혀 생각하지 못했다.

빌립이 예수님께 "주여 아버지를 우리에게 보여주옵소서"요 14:8라고 말했을 때, 예수님은 "내가 이렇게 오래 너희와 함께 있으되 네가 나를 알지 못하느냐 나를 본 자는 아버지를 보았거늘 어찌하여 아버지를 보이라 하느냐"요 14:9라고 되물으셨다. 예수님은 아버지의 형상을 나타내신다. 사실상 주님은 "너희가 나를 알지 않느냐? 내가 항상 너희에게 아버지를 보여주었으니 너희가 나를 알면 아버지도 아느니라"라고 말씀하신 것이다.

예수님은 제자들에게, 그날이 오면 너희를 위하여 내가 아버지께 구하는 것이 아니라 너희가 내 이름으로 아버지께 구할 것이라고 말씀하셨다. 너희가 나를 사랑하였고 내가 아버지로부터 왔음을 믿기 때문에 아버지가 친히 너희를 사랑하신다고 말씀하셨다.

이전에는 예수님이 제자들에게 하나님을 보여주셨지만, 이제는 제자들이 하나님과 직접 사귀게 될 것이다. 제자들은 하나님의 영적 자녀가 되는 자격을 얻었다. 우리에게도 동일한 특권이 있다. 우리도 제자들처럼 그리스도를 믿음으로써 하나님의 자녀가 되는 놀라운 특권을 얻었다. 하나님께 사랑받고, 그분의 가족이 되는 축복이야말로 얼마나 큰 특권인가!

> 보라 아버지께서 어떠한 사랑을 우리에게 주사 하나님의 자녀라 일컬음을 얻게 하셨는고, 우리가 그러하도다 요일 3:1

하나님을 만나는 길이요 진리요 생명!

지금 우리는 그 당시 제자들처럼 예수님을 직접 따르지는 못한다. 만일 우리가 동일하게 그 특권을 누린다면 예수님과 아버지를 더 깊이 알 수 있을 거라고 생각하는가? 이에 대해 사도 바울은 말한다.

> 그러므로 우리가 이제부터는 아무 사람도 육체대로 알지 아니하노라 비록 우리가 그리스도도 육체대로 알았으나 이제부터는 이같이 알지 아니하노라 고후 5:16

우리에게는 예수님과 동행했던 제자들만큼이나 예수님과 하나님을 친밀하고 깊게 알 수 있는 동일한 기회가 있다. 거듭난 제자들은 우리와 동일한 방법으로 하나님의 영적 자녀가 되어 예수님과 하나님을 알았다.

예수님이 십자가를 지시기 전에도, 제자들은 예수님이 자신들을 대신해서 아버지께 나아가셔야 한다는 것은 알았다. 마침내 예수님이 십자가에서 이 일을 단번에 이루셨건만 제자들은 예수님이 십자가를 지실 때까지도, 자신들이 그리스도를 통해 하나님 아버지의 영적 자녀가 되어 아버지와 직접 교제하게 되리라는 것을 완전히 이해하지는 못했다.

종교개혁 이전까지, 교인들은 사제司祭가 자신을 대신해서 하나님께 나아가야 한다고 배웠다. 성경 번역은 허용되지 않았고, 일반인들은 성경에 접근조차 할 수 없었다. 그 결과, 대부분의 사람들이 아버지와 직접 교제하는 것이 그리스도를 믿는 자의 영적 권리라는 사실을 알지 못했다. 그런데 마틴 루터Martin Luther를 비롯한 종교개혁자들은 '모든 사람이 제사장'(만인 제사장)이라는 성경의 진리를 재발견했다. 이들은 그리스도를 믿음으로써 거듭나며 하나님의 자녀가 된다는 사실을 깨달았다. 이렇게 재발견된 진리는 영적 혁명을 낳았고, 하나님과 인간의 관계를 새롭게 바꿔놓았다.

예수님은 하나님과 우리 사이의 중보자이시다. 예수님은 십자가에서 우리를 위해 흘리신 보혈을 통해 우리를 중보하셨다. 아버지께 나아가는 길은 주 예수 그리스도, 오직 한길뿐이다.

> 내가 곧 길이요 진리요 생명이니 나로 말미암지 않고는 아버지께로 올 자가 없느니라 요 14:6

아버지의 마음을 움직이는 사랑

하나님은 사랑이시다. 하나님은 사랑의 근원이시며 사랑을 시작하는 분이시다. 하나님은 창조자, 곧 생명의 근원이시다.

> 사랑은 여기 있으니 우리가 하나님을 사랑한 것이 아니요 오직 하나님이 우리를 사랑하사 우리 죄를 위하여 화목제로 그 아들을 보내셨음이니라 요일 4:10

> 하나님이 세상을 이처럼 사랑하사 독생자를 주셨으니 이는 저를 믿는 자마다 멸망치 않고 영생을 얻게 하려 하심이니라 요 3:16

이것이 복음의 본질이다. 하나님께서는 죄로 말미암아 자신을 거부한 세상에 자신의 아들을 보내심으로써 우리를 먼저 사랑하셨다. 그리스도께서는 사랑으로 하나님께 순종함으로 십자가에서 우리의 죄를 담당하셨다. 이것이 우리가 아직 죄인이었을 때 하나님께서 보여주신 놀라운 사랑이다.

복음은 씨와 같다. 믿음은 이 씨를 싹트고 자라게 한다. 우리가 예수님을 사랑하고 온전히 믿을 때, 우리는 거듭나며 하나님을 사랑하는 새로운 본성을 받는다.

> 너희가 거듭난 것이 썩어질 씨로 된 것이 아니요 썩지 아니할 씨로 된 것이니 하나님의 살아 있고 항상 있는 말씀으로 되었느니라 벧전 1:23

우리는 하나님이 사랑하시는 하나님의 자녀가 된다. 우리가 예수님을 사랑하고 믿을 때, 아버지의 마음이 우리에게 더 가까워진다. 우리를 향한 하나님의 사랑은 멈추지 않는다. 하나님의 사랑은 영원하며, 항상 자라며, 역동적이다. 우리는 하나님의 자녀로, 하나님의 친구로, 하나님의 예배자로 부름을 받았다.

아버지께서 예수님의 제자들을 사랑하시게 된 것은 제자들이 예수님을 사랑하고 예수님을 믿었기 때문이다 (요 16:26,27 참조). 당신이 예수님을 사랑할 때마다, 아버지께서는 당신을 사랑하신다. 무엇이 아버지의 마음을 감동시키고 움직이는지 아는가? 바로 예수님에 대한 우리의 사랑이다. 우리가 예수님을 바라보며, 우리의 마음이 예수님을 향할 때, 아버지께서 기뻐하신다. 우리가 예수님을 따르기 원할 때, 아버지의 마음이 우리를 향해 깊이 움직이신다.

이처럼 사랑하사

우리가 아직 죄인이었을 때에도, 하나님은 우리를 정말 사랑하셨다. "하나님이 세상을 이처럼 사랑하사"라는 요한복음 3장 16절 말씀에서 '이처럼'이라는 한 단어에는 하나님의 무한한 사랑이 담겨 있다. "이처럼 사랑하사"라는 말은 말로는 다 표현할 수 없는 사랑을 의미한다.

예수님은 자신의 생명을 우리에게 주는 것보다 더 값진 일이 있었다면 그렇게 하셨을 것이다. 예수님 자신이 제자들에게 "사람이 친구를 위하여 자기 목숨을 버리면 이에서 더 큰 사랑이 없나니"요 15:13라고 하신 것처럼, 예수님도 자신의 사랑을 최대치로 나타내셨다. 하나님이 당신을 향한 사랑을 표현할 더 위대한 방법이 있었다면, 하나님은 그 방법을 사용하셨을 것이다. 그러나 사람이 다른 사람을 위해 자기 목숨을 버렸다면, 자신의 전부를 준 것이다. 예수님은 자신의 전부를 주심으로써 자신의 완전한 사랑을 표현하셨다. 예수님은 우리에게 자신의 생명을 주셨다(롬 5:8).

이 사랑은 계속된다. 하나님나라는 쉼 없이 커지는 나라이다(사 9:7 참조). 하나님의 은혜는 항상 충만하며 커진다. 자녀를 향한 하나님의 사랑은 관계적이고 역동적이며 반응하는 사랑이다.

> 곧 우리가 원수 되었을 때에 그 아들의 죽으심으로 말미암아 하나님으로 더불어 화목되었은즉 화목된 자로서는 '더욱' 그의 살으심을 인하여 구원을 얻을 것이니라 롬 5:10

당신이 아직 죄인이었을 때에도 하나님의 마음이 당신을 향해 움직였는데, 당신이 예수님을 사랑하고 믿는 지금 하나님이 당신을 '더욱' much more 사랑하시지 않겠는가? 당신이 하나님의 원수였을 때에도 하나님께서 당신을 위해 자신의 아들을 아끼지 않으셨는데, 하나님과 화목하게 된 지금 무엇을 아끼시겠는가? 지금은 '더욱' 우리에게 모든 것을 주시지 않겠는가?

> 자기 아들을 아끼지 아니하시고 우리 모든 사람을 위하여 내어주신 이가 어찌 그 아들과 함께 모든 것을 우리에게 은사로 주지 아니하시겠느뇨 롬 8:32

하나님의 사랑을 점점 더 깊이 경험하라

그리스도의 사랑은 측량할 수 없고 헤아릴 수 없을 만큼 풍성하다(롬 11:33 ; 엡 3:8 ; 사 40:28 참조). 처음 예수께 나올 때, 우리의 마음은 감사와 숭모崇慕로 가득하다. 그리스도를 향한 숭모는 점점 커져야 한다. 우리는 그리스도의 사랑의 넓이와 길이와 높이와 깊이를 점점 더 깨달아야 한다.

> 너희가 사랑 가운데서 뿌리가 박히고 터가 굳어져서 능히 모든 성도와 함께 지식에 넘치는 그리스도의 사랑을 알아 그 넓이와 길이와 높이와 깊이가 어떠함을 깨달아 하나님의 모든 충만하신 것으로 너희에게 충만하게 하시기를 구하노라 엡 3:17-19

사도 바울은 에베소교회 성도들이 그리스도의 사랑을 깨닫기를 기도했다. 바울의 기도가 불신자들이 아닌 신자들을 위한 기도였다는 사실에 주목하라. 불신자들에게 하나님의 사랑을 깨달으라고 기도하는 것과 그리스도인에게 하나님께서 그들을 얼마나 사랑하시는지 알도록 기도하는 것은 다르다.

다시 말해서 우리가 처음 신자가 되었을 때는 그리스도의 충만한 사랑을 완전히 깨닫지는 못했다. 우리가 믿음으로 하나님께 점점 더 가까이 이끌릴수록 하나님은 자신의 사랑을 더 깊이 나타내신다. 우리는 하나님의 사랑을 점점 더 깊이 체험하게 된다.

그리스도인이 사는 법

하나님은 우리에게 무관심하지 않으시다. 우리의 삶 가운데 일어나는 일에 냉담하거나 흥미가 없으신 게 아니다. 하나님은 당신에게 관심이 아주 많으시다. 하나님은 이 세상에서 한 사람 한 사람을 지켜보신다. 하나님의 사랑은 가깝고도 친밀하다. 하나님은 우리를 향해 구체적인 소망을 가지고 계신다.

하나님의 소망은 무엇인가? 그분은 무언가를 찾고 계신다. 하나님께서는 영과 진리로 하나님을 예배하는 자들을 찾으신다(요 4:23,24). 하나님은 전심으로 하나님을 찾는 자들에게 자신을 나타내신다(렘 29:13). 아버지께서는 오늘 예배하는 당신을 찾고 계신다. 당신이 예배자로서 어떻게 반응하는지에 깊은 관심이 있으시다.

> 여호와의 눈은 온 땅을 두루 감찰하사 전심으로 자기에게 향하는 자를 위하여 능력을 베푸시나니 대하 16:9

> 여호와께서 하늘에서 인생을 굽어 살피사 지각이 있어 하나님을 찾는 자가 있는가 보려 하신즉 시 14:2

예수님은 우리가 아버지께 이르는 길이다. 우리는 예수님과의 친밀한 관계를 통해 아버지를 안다. 예수님은 아버지에 대한 친밀한 순종의 완전한 본本을 보이실 뿐만 아니라 아버지의 성품과 형상을 분명히 나타내신다. 우리는 예수님의 놀라운 사랑을 앎으로써 아버지의 사랑도 안다. 우리는 예수님을 볼 때 하나님이 어떤 분이신지를 본다. 우리의 마음이 그리스도께 이끌릴 때 하나님과의 친밀함이 회복되는 것을 체험한다. 우리와 아버지 사이에 생명의 관계가 회복되는 것이다.

우리는 그리스도 안에서 새로운 본성을 따라 오직 그리스도로 옷 입음으로써, 죄에 익숙해지지 않으며 세상을 거스를 수 있다. 타락한 본성의 충동을 막아서고 의식적으로 육신과 갈등하는 상태가 되어야 한다. 죄악 된 생각과 습관의 안전지대에서 벗어나야 한다.

사람이 거듭나면, 내주하시는 성령님이 그의 삶에서 하나님께 드리지 않은 부분이 무엇인지 보여주시기 시작한다. 하나님은 우리가 죄에 대해 편해지거나 익숙해진 부분을 보여주시고, 어느 부분에서 죄와 타협했는지 깨닫게 하신다. 하나님은 우리의 어두운 구석구석을 자신의 사랑으로 낱낱이 비추시며, 세밀한 음성으로 속삭이신다.

"나는 네가 이 부분을 해결하기를 원한다. 너의 삶에서 이 부분을 변화시키는 나의 능력을 온전히 기대하며 기도하기를 바란다."

하나님의 헤아릴 수 없는 풍성한 사랑을 더 많이 깨달을수록 우리는 아버지의 마음을 알게 되고, 아버지가 예배자를 찾으시는 하나님이심을 알게 된다. 하나님을 예배하는 진정한 예배자가 돼라.

PART 2

하나님의 마음을 아는
참 자유 예배자

The worshiper who truly knows God's heart

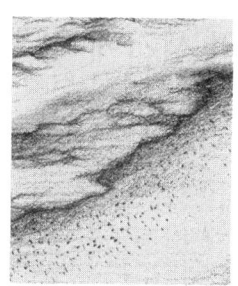

하나님이 우리의 걸음을 인도하셔야만 우리가 죄의 권세를 이기며 자유롭게 걸어갈 수 있다. 이 과정을 통해서 우리 안에 그리스도의 성품이 빚어지고 우리가 하나님이 원하시는 일을 할 힘을 얻게 된다. 우리는 하나님의 것이다. 하나님의 걸작품으로서, 그리스도 예수 안에서 선한 일을 위하여 재창조되었다.

WORSHIP ENCOUNTER

CHAPTER 4

하나님의 목적을 따라 살고
하나님의 시간에 맞춘다

　　내가 리버티 대학교에 다닐 때, 자신이 무엇 때문에 그리스도 앞에 나오게 되었는지 열렬히 간증하는 사람을 만난 적이 있다.

　　이 남성은 사업에 성공하여 대단히 안락한 삶을 살고 있었다. 하지만 그는 성인이 될 때까지도 예수 그리스도에 대해 정확히 들어보지 못했다고 했다. 그는 예수님이 누구시며 기독교가 무엇을 믿는 종교인지 알지 못했다. 천국과 지옥에 대한 지식도 전혀 없었다. 그의 부모는 물론 그의 주변에서는 어느 누구도 이런 이야기를 해주지 않았다.

　　그는 물질적으로 풍족했고 성공 가도를 달렸다. 결혼도 했고 자녀들역시 좋은 학교에 다니고 있었다. 하지만 그는 자신의 마음이 절망스러울 만큼 공허하다고 느꼈다. 그는 그 텅 빈 마음을 테니스, 스키, 골프같은 다양한 스포츠 활동으로 채워보려고 했다. 그 활동에 일시적인 만족을 느끼기도 했지만 그는 또다시 허무와 권태를 느꼈다. 그러면 그는 곧 다른 취미 활동을 찾아내서 거기에 자신의 온 힘을 쏟았다. 등산이며 스카이다이빙까지 좀 더 스릴 있는 취미를 찾았지만 그것도 헛일이었다. 자신 안에 빈 마음을 채워주기는커녕 모두 실망만 안겨주었기 때문이다.

결국 이 남성은 자신의 삶에서 진정한 의미와 목적을 찾지 못하고 죽으려고 했다. 그런데 그 무렵 누군가 그에게 그리스도를 전했고, 그 순간 그의 삶에 찬란한 빛이 폭포수와 같이 쏟아져 들어왔다. 그는 마침내 삶의 목적을 찾았고 자신의 삶을 그리스도 앞에 내려놓았다. 주님의 제자가 된 그는 열정적으로 헌신했다. 또한 그 열정이 한 번도 사그라지지 않았다고 간증했다.

내게 이 사람의 간증이 특별히 인상적이었던 이유가 있다. 그의 인생에 그리스도가 필요하다는 사실을 일깨운 것은 도덕적 죄책감도 처벌에 대한 두려움도 아니었다. 그것은 자기 인생의 목적을 찾으려는 그의 간절한 추구에 있었다.

하나님의 걸작품

당신은 하나님의 뜻과 목적을 이루기 위해 태어났다. 하나님께서는 세상을 창조하시기 전에 우리 각자가 해야 할 구체적인 일들을 미리 준비해두셨다.

우리는 그의 '만드신 바'라 그리스도 예수 안에서 선한 일을 위하여 지

> 으심을 받은 자니 이 일은 하나님이 전에 예비하사 우리로 그 가운데서 행하게 하려 하심이니라 엡 2:10

우리는 그의 만드신 바 하나님의 걸작품이다. '만드신 바'workmanship라고 번역된 헬라어는 포이에마 poiema이다. '포이에마'에서 우리가 잘 아는 영어단어 'poem'이 유래했다. 우리는 하나님이 쓰시는 시詩이다. 하나님께서는 우리가 태어나기도 전에 이미 우리의 이야기를 기록하셨다.

> 내 형질이 이루기 전에 주의 눈이 보셨으며 나를 위하여 정한 날이 하나도 되기 전에 주의 책에 다 기록이 되었나이다 시 139:16

하나님께서는 당신이 어떻게 살아야 하는지 그분만의 생각이 있으시다. 당신을 향한 하나님의 계획을 아는가? 하나님께서 당신을 위해 계획하신 삶이 당신에게 가장 충만한 삶이 되리라 믿는가? 당신이 하나님과의 관계를 회복하여 그분과 진정한 친밀함을 나누기 전이라면, 당신은 삶의 세세한 부분까지 그분께 믿고 맡기기가 지극히 어려울 것이다. 그만큼 당신과 하나님 사이가 친밀해야 두려움이 아닌 사랑으로 하나님께 복종할 수 있다.

하나님의 가치관은 우리의 가치관과는 많이 다르다. 우리는 주로 자신이 성취하거나 획득할 수 있는 것을 기초로 가치 판단을 하지만, 하나님의 가치관은 성품과 관계에 기초한다. 그러니까 당신에 대한 하나님의 평가는 당신이 성취하는 업적이나 재산을 기준으로 이루어지지 않는다(눅 12:15). 하나님께서는 당신의 선한 성품과 마음 상태에 관심이 더 많으시다. 하나님은 진정한 예배자를 찾으신다. 하나님의 눈은 세상을 살피면서 그분과의 진정한 관계에 관심이 있는 사람들을 찾고 계신다(시 14:2 ; 대하 16:9).

당신을 향한 하나님의 생각

하나님은 우리 가까이 계시며 각각의 사람에게 구체적인 생각을 갖고 계신다.

> 하나님이여 주의 생각이 내게 어찌 그리 보배로우신지요 그 수가 어찌 그리 많은지요 내가 세려고 할지라도 그 수가 모래보다 많도소이다 내가 깰 때에도 오히려 주와 함께 있나이다 시 139:17,18

백사장의 모래를 한 줌 퍼서 알갱이를 세본 적이 있는가? 결코 쉽지 않은 일이다. 그러면 온 세상의 모래알을 모두 셀 수 있을까? 불가능하다! 그러나 당신을 향한 하나님의 생각은 그 모래알보다도 많다. 하나님께서는 우리를 향해 확고한 생각을 가지고 계신다.

> 나 여호와가 말하노라 너희를 향한 나의 생각은 내가 아나니 재앙이 아니라 곧 평안이요 너희 장래에 소망을 주려 하는 생각이라 렘 29:11

하나님은 당신의 미래를 생각해두셨다. 당신을 향한 하나님의 귀중

백사장의 모래를 한 줌 퍼서 알갱이를 세본 적이 있는가?
온 세상의 모래알을 모두 셀 수 있을까?
그러나 당신을 향한 하나님의 생각은 그 모래알보다도 많다.
하나님께서는 우리를 향해 확고한 생각을 가지고 계신다.

한 생각 중에서 하나만이라도 알고 싶은가? 당신은 하나님의 생각 중 단 하나가 아니라 전부를 알 수 있다. 하나님께서는 우리를 자신의 자녀로, 자신의 친구로 초대하신다. 우리가 하나님께 가까이 다가갈 때, 하나님은 친밀한 관계 속에서 우리에게 자신을 나타내신다. 우리는 신뢰와 사랑의 관계에서 주께 가까이 다가가 하나님의 친구가 되며, 하나님의 길을 배운다. 하나님께서는 우리가 하나님 자녀의 관계를 맺고, 하나님을 아버지로 여기며 사는 방법을 가르쳐주신다.

인생의 목적은 천국의 목적이다

우리의 삶을 향한 하나님의 계획을 어떻게 알 수 있는가? 우리가 하나님을 발견할 때 그분의 계획도 드러난다. 하나님은 "너희가 전심으로 나를 찾고 찾으면 나를 만나리라" 렘 29:13라고 약속하신다. 우리가 하나님과의 친밀한 관계에서 얻는 궁극적인 기쁨을 알 때, 우리를 향한 하나님의 계획도 동시에 알게 되는 것이다. 우리 인생의 목적은 하나님과 절대 분리할 수 없다.

사실 하나님의 계획 중에서 부분만 알려고 하면 핵심을 놓치게 된다. 아무리 출세하고 평생 성실히 일했어도 인생의 마지막에 가서 자신이 누구인지 묻는 사람들이 많다. 우리의 삶은 우리가 성취하는 것으로 정의 내릴 수 있는 것이 아니다.

어떤 사람들은 이렇게 기도한다.

"주님, 제가 무엇을 하기 원하시는지 정확히 보여주시면 그 일을 하겠습니다."

이 사람들은 하나님의 완벽한 청사진을 알고 싶어 한다. 이런 기도는 언뜻 합리적인 것 같아도 하나님과의 친밀함을 무시하는 태도이다. 하나님께서 당신에게 성취만 요구하고 기대하신다고 생각하는가? 하나님이 정말 원하시는 것은 바로 당신이다. 하나님과의 친밀함은 그 자체가 상급이다.

예수님은 어떠하셨는가? 그분은 하나님의 하시는 일을 보지 않고는 아무것도 혼자서 하지 않으시며, 항상 하나님이 기뻐하시는 일을 행한다고 말씀하셨다(요 5:19,30 ; 8:29). 이 일이 예수님에게만 해당된다고는 생각하지 말라. 예수님은 제자들에게도 "내가 너희에게 행한 것같이 너희도 행하게 하려 하여 본을 보였노라"요 13:15라고 말씀하셨다. 예수님은 우리도 예수님처럼 천국의 목적에 따라 삶의 발걸음을 내딛기를 기대하신다.

> 이를 위하여 너희가 부르심을 입었으니 그리스도도 너희를 위하여 고난을 받으사 너희에게 본을 끼쳐 그 자취를 따라오게 하려 하셨느니라
>
> 벧전 2:21

하나님의 시간표대로 사는 삶

하나님은 절대 늦지 않으시고 언제나 시간을 지키신다. 그런데 때때로 우리는 하나님이 우리의 기도에 신속히 응답하지 않으신다고 느낀다. 조급한 마음에 하나님의 계획을 우리의 시간표에 맞춰 바꿔주시기를 기대하기도 한다. 그렇지만 하나님이 아무리 우리를 사랑하셔도 그

분은 엄연히 우리의 주인이자 왕이시라는 것을 잊지 말자. 우리는 하나님의 계획에 맞추어 우리 자신의 걸음을 수정하는 법을 배워야 한다.

> 사람이 마음으로 자기의 길을 계획할지라도 그 걸음을 인도하는 자는 여호와시니라 잠 16:9

당신은 계획을 세울 때, 먼저 기도로 하나님이 당신의 삶의 방향을 정하고 지시하시도록 하는가? 실제로 누가 컨트롤하는가? 성경은 "여호와께서 사람의 걸음을 정하시고 그 길을 기뻐하시나니"시 37:23라고 한다. 따라서 우리가 성경적인 삶을 살려면, 하나님의 인도와 지시를 받는 과정에 순복하는 법을 배워야 한다. 천국의 목적에 따라 우리의 계획과 그 걸음을 옮기도록 따라야 한다.

하나님의 시간은 우리의 시간과 다르다. 하나님은 우리와 다른 시계와 달력을 사용하신다. 하나님의 시간은 '카이로스'kairos의 시간이다. 카이로스는 "약속된 시간"appointed time이라는 뜻이다. 하나님을 친밀히 알려면 하나님이 지정하신 시간에, 하나님의 약속된 시간에 맞춰 하나님과 대면해야 한다.

시간을 나타내는 또 다른 단어는 '크로노스'chronos이다. 'chronos'에서 'chronology'연대기, 'chronicles'역대기가 나왔다. 구약의 역대기 상하 First and Second Chronicles가 이스라엘 및 유다 왕들의 역사를 들려주는 것처럼, 이것은 시대순으로 일어난 사건에 관한 기록이다. 우리는 대개 크로노스의 시간을 따르는 경향이 있다. 그래서 쉽게 크로노스의 노예가 되며, 늘 시간에 쫓기고 짜여진 일정대로 움직인다. 크로노스는 현세의 흘러가는 시간이며, 역사의 시계태엽과도 같다.

하나님은 카이로스의 시간, 곧 약속된 시간에 인간의 역사에 개입하신다. 이때 카이로스는 하나님이 정하신 목적을 포함한다. 인간의 뜻과 하늘의 계획이 일치할 때, 우리는 카이로스를 만난다. 시간을 창조하신 하나님께서는 물론 크로노스의 시간에도 일하신다. 그러나 시간의 주인이신 하나님은 자신의 목적에 따라 시간과 시기를 정하신다.

카이로스를 놓치지 말라

예수님의 초림初臨도 하나님이 정하신 시간, 즉 '카이로스'에 이루어졌다. 구약성경 전체에 예언된 대로, 그때 모든 이스라엘 백성들은 메시아를 고대했다. 다니엘을 비롯한 여러 선지자들의 예언을 통해서 메시아의 도래가 가까웠다는 것을 알았기 때문이다. 예수님은 약속된 시간에, 정한 때가 이르러 이 세상에 오셨다.

때가 차매 하나님이 그 아들을 보내사 여자에게서 나게 하시고 갈 4:4

예수님은 자신이 선택한 민족, 즉 언약의 백성 이스라엘 가운데 오셨지만 그들은 예수님을 영접하지 않았다(요 1:11). 이스라엘 백성들은 '크로노스'를 안다고 자만하다가 그만 자신들의 '카이로스'를 놓쳤다.

너희가 저녁에 하늘이 붉으면 날이 좋겠다 하고 아침에 하늘이 붉고 흐리면 오늘은 날이 궂겠다 하나니 너희가 천기는 분별할 줄 알면서 '시대'kairos의 표적은 분별할 수 없느냐 마 16:2,3

나중에 예수님은 이스라엘 백성들이 카이로스를 놓친 사실을 슬퍼하며 우셨다.

예루살렘아 예루살렘아 선지자들을 죽이고 네게 파송된 자들을 돌로 치는 자여 암탉이 그 새끼를 날개 아래 모음같이 내가 네 자녀를 모으려 한 일이 몇 번이냐 그러나 너희가 원치 아니하였도다 보라 너희 집이 황폐하여 버린 바 되리라 마 23:37,38

예수님의 형제도 예수님의 카이로스를 알지 못했다. 온 이스라엘이 명절을 지키러 가고자 할 때, 예수님의 형제들이 예수님에게 유대로 가서 세상에 드러나게 일하라고 말했다(요 7:2-8 참조). 하지만 그들이 이렇게 말한 것은 그들도 예수님을 믿지 않았기 때문이다. 이에 예수님은 나의 때(카이로스)가 아직 오지 않았다고 대답하셨다.

'내 때'는 아직 이르지 아니하였거니와 너희 때는 늘 준비되어 있느니라 요 7:6

하나님의 목적에 따라 살려고 하지 않는 사람에게는 카이로스가 아무 상관이 없다. 그러나 하나님은 이렇게 말씀하신다.

"너는 아무 때나 괜찮다고 하지만 네 삶에서 나의 목적을 이루려면 네 삶을 약속된 나의 시간에 맞추어야 한다."

하나님의 카이로스를 따라 산다는 말은 인간적인 일정을 내려놓는다는 뜻이다. 자신의 유한한 꿈과 야망을 내려놓고 하나님께 이렇게 묻는 것이다.

"하나님, 저를 위해 무엇을 준비하셨나요? 저의 인간적인 꿈에 만족하고 싶지 않습니다. 저를 위해 준비된 천국의 것을 원합니다."

천국의 목적을 발견하려면 먼저 우리의 세상적인 목적을 포기해야 한다.

아버지의 뜻대로 한 걸음 한 걸음

어떤 사람들은 은혜를 "하나님을 사랑하고 자신이 원하는 것을 하는 것"이라고 잘못 생각한다. 어거스틴은 "사랑하라. 그리고 당신이 원하는 것을 하라"Dilige, et quod vis fac 라고 말했다. 물론 하나님을 온전히 사랑하는 사람이라면 그가 원하는 것은 오직 하나님을 기쁘시게 하는 것뿐이다. 그것이 바로 어거스틴이 말한 요지이다.

표면적으로 어거스틴의 말은 새로운 본성의 결과라는 객관적인 시각에서 보면 옳다. 그러나 우리가 주님의 제자가 되어 제자의 삶을 통해 죄의 본성을 다스리며 은혜 가운데 성장해야 한다는 측면에서는 다소 빈약한 조언이다. 우리는 죄악 된 인간이기 때문에 한순간에 죄의 유혹에 넘어지기 쉽다. 하나님을 사랑한다고 굳게 믿으면서도 하나님이 원하시는 일이 아니라 자신이 원하는 일만 할 때가 있다.

> 만물보다 거짓되고 심히 부패한 것은 마음이라 누가 능히 이를 알리요
> 렘 17:9

예수님도 "내 원대로 마옵시고 아버지의 원대로 되기를 원하나이다" 눅 22:42라고 기도하셨다. 그리스도를 따르는 자는 하나님 앞에 진실해야만 한다. 모든 예배자는 예배 중에 하나님께 진실하고 진심어린 반응을 보여야 한다. 하나님께서 우리가 마음을 완전히 쏟아 예배하기를 원하시기 때문이다. 우리가 우리 자신의 마음을 신뢰하는 것조차 하나님은 원하지 않으신다. 하나님은 우리가 하나님의 말씀에 순종하며, 성령의 능력을 온전히 신뢰하기를 원하신다.

성령의 인도를 받는다는 것이 카이로스 속에서 산다는 뜻이다. 우리가 하나님의 카이로스에 들어갈 때, 우리는 자기중심적인 목적을 버리고 하나님이 정하신 목적을 추구하게 된다. 우리의 뜻을 하나님의 뜻에 굴복시키며 아버지의 뜻에 합심하여 하나님이 우리의 걸음을 정하시도록 한다는 뜻이기도 하다.

> 나의 행보를 주의 말씀에 굳게 세우시고 아무 죄악이 나를 주장치 못하게 하소서 시 119:133

하나님이 우리의 걸음을 인도하셔야만 우리가 죄의 권세를 이기며 자유롭게 걸어갈 수 있다. 이 과정을 통해서 우리 안에 그리스도의 성품이 빚어지고 우리가 하나님이 원하시는 일을 할 힘을 얻게 된다. 우리는

하나님의 것이다. 하나님의 걸작품으로서, 그리스도 예수 안에서 선한 일을 위하여 재창조되었다(엡 2:10).

하늘에 계신 우리 아버지께서 우리가 걸어갈 길을 이미 준비해놓으셨다. 하나님은 당신의 삶이 어떤 모습이어야 하는지 분명한 생각을 갖고 계신다. 아버지의 계획은 당신에게 그야말로 안성맞춤이다. 당신이 하나님께 더 가까이 다가갈수록 하나님은 그 계획을 더 많이 나타내신다.

자신의 꿈 내려놓기

어떤 꿈이든지 성취할 수 있다는 주장은 단번에 사람들의 마음을 끌어당기는 상당히 매력적인 말이다. 한편으로 원대하고 고상한 야망처럼 보일는지도 모른다. 그러나 그런 꿈은 많은 사람들이 숭배하는 허상이 된다.

성경이 "여호와를 기뻐하라 저가 네 마음의 소원을 이루어주시리로다"시 37:4라고 약속하는 것은 사실이다. 그러나 마음의 소원을 추구하는 사람들 가운데는 하나님을 기뻐하지 못하는 사람들도 많다. 실제로 당신의 꿈이 하나님으로부터 시작된 꿈이라 해도, 당신은 그 꿈을 성별聖別의 제단에 내려놓아야 한다. 성별되지 않은 꿈은 하나님께 온전히 드린 꿈이 아니다. 삶에서 성별되지 않은 것이 있다면, 우리는 계속해서 거기에 매달리게 된다. 결국 성별되지 않은 자신의 꿈을 숭배하게 되고 그 꿈을 이루는 것이 자신의 권리라고 주장하게 된다.

여호와께서 집을 세우지 아니하시면 세우는 자의 수고가 헛되며 여호와

께서 성을 지키지 아니하시면 파수꾼의 경성함이 허사로다 시 127:1

우리는 그리스도인으로서 자신의 삶과 희망과 꿈을 천국의 목적에 맞도록 성별해야 한다. 성별되지 않은 꿈은 우상숭배로 끝나기 때문이다.

성령님은 우리의 마음을 감찰하시고, 우리의 동기를 살피신다. 다윗은 "하나님이여 내 속에 정淨한 마음을 창조하시고"시 51:10라고 기도했다. 다윗은 죄를 회개하고 더 나아가 경건한 삶의 동기를 달라고 하나님께 기도했다. 단순히 죄와 죄의 결과를 후회하는 데 그치는 것이 아니라 성령으로 새롭게 된 깨끗한 마음을 구해야 한다.

자아상을 성별하라

요즘 자존감에 대한 메시지의 인기가 매우 높다. 그런데 자존감을 높이는 잘못된 가르침은 타락한 인간의 본성을 높이고 죄의 문제를 무시하며 자기중심적 사고에 호소한다. 육肉을 부인하는 대신 육의 지배를 받도록 가르친다. 또한 타락의 결과로 나타나는 건강하지 못한 자기중심적 사고를 부추기고 살찌운다.

상처 입은 사람들은 과거의 상처를 치유 받아야 한다. 우리는 다른 사람들이 저지른 악행의 고통스러운 잔재에서 벗어나야 한다. 우리에게 잘못한 사람들을 용서하면 하나님만이 주시는 치유도 받게 된다. 그래서 때때로 누군가를 용서하는 즉시 치유를 경험하기도 한다. 물론 집중적이고 지속적인 치유와 용서가 필요한 경우도 있다. 우리는 악에게 지지 말고 선으로 악을 이겨야 한다(롬 12:21).

그리스도인은 자존감을 높이는 데 과도하게 집착하지 말아야 한다. 오히려 다른 모든 것과 함께 자존감도 성별의 제단에 내려놓아야 한다. 불건전한 자기 집착은 높은 자존감이 아니라 지나치게 낮은 자존감의 결과일 때가 많다. 역설적이지만, 낮은 자존감이 교만의 요새에 뿌리를 둘 때가 많다는 것도 알아야 한다.

성경은 "주 앞에서 낮추라 그리하면 주께서 너희를 높이시리라"약 4:10라고 말한다. 우리는 예수님을 바라볼 때 비로소 자신에게서 눈을 뗄 수 있다. 예수님을 바라보는 것이 잘못된 자기 집착에서 벗어나는 길이다. 건강하지 못한 자아상의 치료약은 오직 십자가뿐이다.

제자가 되는 자유함에 순복하라

민주주의 사회에서는 개인의 자유에 대해 많이 이야기한다. 예수님도 자유에 관해 깊이 있게 말씀하셨다. 그러나 예수님은 참 자유를 개인의 권리가 아니라 '제자도' discipleship 와 관련해서 말씀하신다.

> 너희가 내 말에 거하면 참 내 제자가 되고 진리를 알지니 진리가 너희를 자유케 하리라 요 8:31,32

예수님이 이 말씀을 하시기 전까지만 해도 많은 사람들이 말씀을 듣고 예수님을 믿었다. 그러자 예수님께서도 자기를 믿는 유대인들에게 자유에 관해 말씀하신 것이다. 그러나 예수님이 진정한 자유에 관해 말씀하시자 그들의 믿음은 곧 분노로 바뀌었다.

> 우리가 아브라함의 자손이라 남의 종이 된 적이 없거늘 어찌하여 우리가 자유케 되리라 하느냐 예수께서 대답하시되 진실로 진실로 너희에게 이르노니 죄를 범하는 자마다 죄의 종이라 종은 영원히 집에 거하지 못하되 아들은 영원히 거하나니 그러므로 아들이 너희를 자유케 하면 너희가 참으로 자유하리라 요 8:33-36

민주주의 사회에서는 자유에 대한 개념을 정치적 의미로 생각하는 경향이 있다. 우리는 자유를 양도할 수 없는 권리라고 생각한다. 미국 건국의 아버지 토머스 제퍼슨Thomas Jefferson은 미국 독립선언문에서 이렇게 밝히고 있다.

"모든 인간은 평등하게 창조되었으며, 창조주로부터 생명과 자유와 행복 추구와 같은 양도할 수 없는 몇 가지 권리를 부여받았다."

그러나 예수님은 자유에 대해 완전히 다르게 말씀하신다. 우리는 민주주의 사회의 시민으로서 누릴 수 있는 자유의 가치를 인정하고 감사해야 하지만, 민주주의라는 잣대로 기독교 신앙이나 성경을 판단해서는 안 된다. 예수님의 사역 역시 민주주의가 아니라 왕정王政이며 교회는 민주주의 기관으로 설명될 수 없다. 교회는 예수님의 통치에 순복하기 위해 모인 공동체이다.

예수님은 누구든지 오직 주님의 제자가 되어야만 자유하게 된다고 명백히 말씀하신다. 이것은 대부분의 사람들이 생각하거나 배우는 자유의 개념과 정면으로 배치되는 것이다. 우리는 대개 '제자도', 제자의 삶을 자유가 아닌 자유의 상실과 연결지어 생각한다. 그러나 제자의 삶을 살기 위한 구속이라면, 진정한 영적 자유를 누리기 위해 우리에게 반드시 필요하다.

제자도는 군 복무에 비유할 수 있다. 군인은 자신이 원하는 대로 할 자유가 없다. 장교는 "제군들! 오늘 뭘 하고 싶은가?"라고 묻지 않는다. 병사들은 상관의 명령에 절대 복종해야 한다. "죄송하지만, 그 문제를 표결에 붙이면 안 되겠습니까?"라고 물을 수 없다. 군대는 민주주의 방식으로 움직이지 않는다. 그렇게 했다가는 모든 명령체계가 곧바로 힘을 잃을 것이다.

우리는 누군가에게 복종하면 왜 자유롭지 못하다고 생각하는가? 예수님은 오히려 정반대라고 말씀하신다. 우리가 진정으로 자유를 얻는 유일한 길은 예수님의 제자가 되는 것이다.

그리스도의 종이 되는 선택

하나님께서는 구약시대에 종을 놓아주는 구체적인 율법을 주셨다. 이스라엘에서는 종이 주인을 6년간 섬겼으면, 주인은 그 종을 놓아주어야 했다. 그러나 종이 원하면 영원히 그 주인에게 매일 수도 있었다. 종이 주인의 집에 남기로 선택하면, 주인은 종의 귀를 문에 대고 송곳으로 뚫었다. 그것이 주인의 영원한 종이 되었다는 상징적 표시였다(출 21:1-6 ; 신 15:12-18 참조).

사도 바울이 자신에 대해 즐겨 사용한 표현 가운데 하나가 '그리스도의 종bondservant 바울'이다(롬 1:1 ; 빌 1:1 ; 딛 1:1). 바울 스스로 그리스도의 종이 되었다는 말이다. 바울은 자신을 일컬어 "그리스도 예수를 위하여

갇힌 자"몬 1:1라고도 했다. 바울은 자신을 '예수님에게 사로잡힌 자'로 여겼는데, 여기에는 바울 자신은 죽고 온전히 그리스도를 위해 산다는 의미가 담겨 있다.

우리는 예수님에게 나아오기 전에 죄의 노예였다. 노예제도의 불의함과 잔혹성을 생각해보라. 예수님은 우리가 노예와 같이 아무 힘이 없을 때 오셔서 자신의 피로 우리를 사셨다. 그리스도께서 우리를 죄의 노예에서 구속救贖하셨다. 예수님은 죄의 종이었던 우리를 완전히 해방시키셨다. 우리는 예수 그리스도를 통해 죄의 형벌과 사망의 권세에서 해방되었다. 죄는 더 이상 우리의 삶을 지배하지 못한다.

그렇다면 이제 당신과 나는 이렇게 얻은 자유로 무엇을 할 것인지 선택해야 한다. 예수님을 사랑한다고 하고 입술로는 "감사합니다"라고 말하면서, 돌아서서 자기 마음대로 원하는 것을 선택하며 살고 있지 않은가? 이것은 우리 믿음의 수준을 여실히 보여준다.

예수님이 죄의 종이었던 우리를 해방시키기 위해 실제로 어떻게 하셨는지 안다면, 우리의 믿음은 의무감이 아니라 우리를 구원하신 그분의 사랑에 깊이 감사하는 데서 비롯될 것이다. 그리스도의 종이 되는 선택은 의무감에서 나오지 않는다. 깊은 애정에서 나온다.

우리는 그리스도 안에서 진정한 자유를 누린다. 이제 어떻게 살아야 하는가? 자신이 선택한 꿈을 위해 살 것인가? 자신이 선택한 꿈의 종으로 살 것인가? 사람이 무엇이든 그리스도보다 귀하게 여기는 대상을 만드는 순간, 그 대상의 종이 되고 만다는 것을 잊지 말라. 오직 그리스도를 믿는 믿음만이 우리를 참으로 자유하게 한다!

WORSHIP ENCOUNTER

CHAPTER 5

진정한 자유는 한마음을 품고
예수를 따르는 것이다

내가 대구의 어느 캠퍼스 집회에서 설교를 마치고 난 다음, 팀원 중 한 명이 중국에서 온 교환학생 한 사람을 나에게 소개했다.

그 여학생은 무신론자였다. 하지만 내가 예수 그리스도께 자기 자신을 바치는 삶을 산다는 말씀을 전하는 내내 귀 기울여 들었다고 했다. 그녀는 유창한 영어로 말했지만, 예수님이나 기독교에 대해서는 전혀 들어본 적이 없다고 말했다. 그녀에게는 내가 전한 모든 내용이 너무나 생소했다. 그녀가 내게 몇 가지를 물었다.

"목사님의 말씀을 이해하려고 최선을 다했지만 많은 부분이 이해되지 않았습니다. 하나님이 계시다는 것을 어떻게 알 수 있죠? 그분의 존재를 어떻게 하면 믿을 수 있나요?"

그녀는 성경을 전혀 몰랐으나 관심을 보였다. 나는 그 여학생에게 30

분가량 기독교와 성경에 대해 설명하고 나서 말했다.

"성경을 복음서부터 읽어보세요. 읽으면서 하나님을 보여달라고 하세요. 지금은 하나님을 모르지만 하나님을 직접 보여달라고 기도하세요. 자매님이 진심으로 하나님을 알기 원하면, 하나님께서 '예수 그리스도'를 통해서 자신을 나타내실 것입니다."

우리는 좀 더 이야기를 나눴고 그녀는 웃는 얼굴로 돌아갔다. 그 후 그 학생에게 어떤 진전이 있었는지 궁금하다. 기독교나 예수님에 관한 지식이 부족하더라도 하나님을 만나려는 열망으로 성경을 읽는다면 반드시 예수님을 통해 진리를 깨달았으리라 믿는다.

진리를 품는 한마음

진리이신 예수님은 진리를 증거하러 이 세상에 오셨다. 예수님의 삶과 죽음과 부활이 천국 진리를 나타낸다. 주님의 사랑, 거룩, 은혜, 공의, 용서가 그분이 누구인지를 나타낸다.

예수님은 우리를 완전히 자유하게 하셨다.

> 진리를 알지니 진리가 너희를 자유케 하리라 요 8:32

진리가 우리를 자유하게 한다는 이 말씀으로 자유케 하셨다. 예수님은 자신의 말씀에 지속적으로 거하는 사람만이 자신의 참제자라고 말씀하셨다. 오직 예수님에게 충성하며 자원하여 거하는 사람이 제자이다. 예수님의 제자가 되지 않으면 우리는 궁극적으로 진리를 알지 못한다.

어떻게 진리를 아는가? 어떻게 예수님의 참모습을 알 수 있는가? 우리의 마음이 열쇠이다. 당신의 마음에 하나님이 원하시는 일을 하려는 진정한 열망이 있는가? 그 열망이 없다면 예수님의 가르침을 깨닫거나 이해하지 못한다. 우리가 우리 마음을 완전히 드리기 전까지, 우리는 예수님의 진면모를 알 수 없다. 설령 주님이 원하시는 바를 알지 못하더라도 우리가 순종하는 태도를 보일 때, 하나님께서 비로소 우리 마음의 눈을 열어주신다.

그러나 아무리 거듭난 그리스도인이라도 죄악 된 옛 본성을 따라 살기로 선택하면 성령이 원하시는 바와 육신이 원하는 바가 충돌하기 때문에 계속해서 갈등을 겪는다(갈 5:17). 이렇게 두 마음을 품은 사람은 하는 일마다 불안하다(약 1:8). 두 마음을 품는다는 말은 서로 반대되는 생각을 동시에 품는다는 뜻이다.

이런 사람은 자기 안의 새로운 성품 때문에 하나님이 원하시는 일을 하려고 하지만, 육신을 따라 살기 때문에 육신이 원하는 일도 하고자 한다. 따라서 자유롭지 못하다. 갈등하고 괴로워하느라 육신의 것을 완전히 누리지도 못한다. 하나님의 성령이 그의 속에 계셔서 죄를 깨닫게 하시기 때문이다. 그의 육신은 여전히 육신의 욕망에 사로잡혀 있어서 기쁨으로 주님을 섬기지도 못한다.

아프리카와 인도의 깊은 정글에 사는 원주민들은 전통적으로 내려오는 방법으로 간단하게 원숭이를 사냥한다. 우선 코코넛이나 둥근 박 주둥이에 원숭이 손이 들어갈 만큼 구멍을 뚫고 그 속을 다 파낸 다음, 그 속에 과일이나 쌀이나 견과류를 넣어 나무에 단단히 매달아둔다. 그것으로 준비는 끝난다. 이제 원숭이를 기다리기만 하면 된다.

어리석은 원숭이는 손을 그 구멍 속에 넣고 그 안에 든 것을 꽉 움켜쥔다. 그러나 먹이를 손에 쥐면, 그 손은 구멍을 빠져나오지 못한다. 원숭이는 언제든지 먹을 것을 포기하고 손을 빼낼 수 있지만, 먹을 것을 손에 쥐고 주먹을 펴지 않기 때문에 쉽게 잡히고 만다.

우리도 이 어리석은 원숭이처럼 얼마나 쉽게 자기 욕망에 사로잡히는가? 원숭이는 경쟁하는 두 욕망 사이에 갇혔다. 하나는 자유를 향한 욕망이며, 다른 하나는 먹이에 대한 욕망이다. 원숭이는 덫에서 금세라도 자유로워질 수 있지만 그러려면 먼저 반대편에 속한 욕망을 버려야만 한다.

자기 욕망에 사로잡힌 죄의 노예는 자유로울 수 없다. 우리가 예수님의 제자가 되어 진리를 알면 그때 비로소 진리가 우리를 자유케 한다.

하나님 아버지의 마음의 멜로디

우리가 그리스도 안에 거하고 그분의 길을 배울 때 우리는 육신의 유혹을 이겨낼 수 있다. 예수 그리스도의 제자가 되면, 마음이 한곳으로 모이기 시작한다. 하나님의 음성을 듣는 게 어렵지 않고 그 음성이 또렷이 들린다. 우리가 예수님 안에 거하기 때문이다. 성령님이 우리에게 부드럽게 속삭이실 때 우리 마음이 그분에게 맞춰져 있으면 그 음성을 들을 수 있다.

마음을 고요히 가라앉혀야 아버지의 마음의 멜로디를 들을 수 있다. 우리는 우리의 마음을 아버지의 사랑의 멜로디에 맞춰 지속적으로 조율

해야 한다. 아버지께서는 우리를 잠잠히 사랑하시며 더 깊이 위로하신다. 하나님께서 자신의 백성을 어떻게 위로하시는지 그분의 구원의 노래를 들어보라.

> 너의 하나님 여호와가 너의 가운데 계시니 그는 구원을 베푸실 전능자시라 그가 너로 인하여 기쁨을 이기지 못하여 하시며 너를 잠잠히 사랑하시며 너로 인하여 즐거이 부르며 기뻐하시리라 습 3:17

진정한 예배는 우리의 마음을 천국의 완전한 멜로디에 맞게 조율하는 것이다. 예배는 아버지의 마음에 대한 우리 마음의 반응이다. 예배 인도자 매트 레드맨Matt Redman은 〈아버지의 노래The Father's Song〉라는 찬양에서 이 놀라운 진리를 표현한다.

> 천상의 그 멜로디,
> 창조주의 심포니
> 주 당신이 부르시네 나를 향해
>
> Heaven's perfect melody,
> the Creator's symphony.
> You are singing over me the Father's song.

아버지께서 자신의 피조물을 보며 노래하신다. 그러나 그분의 노래를 들을 수 있는 사람이 얼마나 되겠는가?

공연장에서 오케스트라가 연주회에 앞서 튜닝하는 소리를 들어본 적이 있는가? 오케스트라 단원 개개인은 능숙하고 뛰어난 연주자이다. 하지만 여러 악기의 음을 표준음에 맞출 때 내는 소리는 결코 유쾌하지 않은 '불협화음'cacophony이다. 각각의 악기가 아직 '심포니'symphony로 연주되지 않았기 때문이다. 그런데 지휘자가 단상에 올라 지휘봉을 잡는 순간, 단원들은 일제히 지휘자의 손을 따라 혼연일체가 되어 아름다운 심포니를 만들어낸다.

우리가 자신의 욕망에 따라 살 때, 우리의 삶은 불협화음을 낸다. 아무리 재능이 많고 유능해도 자신의 이기적인 목적을 추구할 때는 천국의 음악과 부조화를 이룬다. 우리는 우리의 마음을 하나님의 마음에 맞춰 조율하는 법을 배워야 한다. 하나님은 우리의 삶이 저 천국의 음악 소리를 내기 바라시기 때문이다.

아버지를 나타내신 예수님

초기 그리스도인들은 그 당시 "그 길道을 따르는 사람들"이라 불렸다(행 9:2, 19:9,23, 22:4, 24:14,22). 스스로 주 예수를 따르는 자들로 여겼다.

주님이 "내게 배우라"마 11:29라고 말씀하신 것처럼, 우리는 예수님을 따르고 그분의 길을 배움으로써 하나님을 알게 된다. "제자가 그 선생 같고 종이 그 상전 같으면 족하도다"마 10:25라고 하신 것처럼 예수님은 우리가 주님을 따름으로써 주님처럼 되기를 기대하신다. "너희가 나를 알았더면 내 아버지도 알았으리로다 이제부터는 너희가 그를 알았고 또 보았느니라"요 14:7라고 말씀하신 것처럼, 우리는 예수님을 볼 때 아버지를 본다. 그분이 하나님의 형상이시기 때문이다(히 1:3).

예수님은 하늘에 계신 아버지께 백 퍼센트 순종하셨다. 예수님은 아버지가 기뻐하시는 일만 하심으로써 아버지가 어떤 분이시며 무엇을 바라시는지 보여주신다. 아버지의 기대에 완벽하게 부응하신 예수님 덕분에 우리는 아버지가 어떤 분이신지 정확히 알 수 있다.

> 본래 하나님을 본 사람이 없으되 '아버지 품속에 있는 독생하신 하나님(아들)'이 나타내셨느니라 요 1:18

아버지 품속에 있는 독생자께서 보이지 않는 하나님을 세상에 나타내셨다. 예수님은 아버지를 선포하고 나타내셨다. 이것은 좋은 소식이다. 그리스도를 통해서, 보이지 않는 하나님이 계시되고 알려지기 때문이다. 우리가 예수님을 인격적으로 알게 되면 동일하게 아버지와 인격적인 관계를 맺는다.

"아버지의 품속에 있는 독생하신 하나님"이라는 표현은 친밀함과 밀접함을 나타낸다. 소중한 아이를 사랑스럽게 품에 안은 아버지의 인자한 모습이 떠오른다. 우리는 사랑하는 자녀를 품에 안을 때 가슴이 벅차오른다. 아버지께서는 우리가 그 사랑의 품을 날마다 파고들며, 하나님과 친밀한 교제를 체험하며 살도록 우리를 부르신다. 예수님은 언제나 아버지와 완전히 교제하신다. 성령은 성부와 성자로부터 나오며, 성부와 성자와 성령 간의 교제에서, 삼위 하나님은 완벽한 통일성, 완전한 공동체의 모델이 되신다.

우리는 그리스도의 피로 하나님과 화목케 되어 하나님과 교제할 수 있다. 또 그리스도의 제자로서 그분의 영향 아래 살며, 그분의 본성을 닮는다. 우리가 그리스도를 점점 닮아갈 때 천국의 목적과 일치하게 된다. 복음은 하나님과 교제하며 살도록 우리를 초대한다.

예배는 매너리즘이 아니다

우리는 하나님과 교제하도록 창조되었다. 우리가 예수님을 진정으로 알게 되면, 우리는 그분을 따르고 그분 곁을 떠날 생각을 하지 않게 된다. 진정한 예배자라면 주님의 임재를 의식하며 생활한다.

몇 해 전, 청년들을 대상으로 토요집회를 인도한 적이 있다. 청년들은 하나님을 뜨겁게 예배했고 집회가 끝난 후에도 좀처럼 그 자리를 뜰 줄 몰랐다. 하는 수 없이 다들 돌아가도록 당부해야 할 정도였다. 예배 중에 예수님의 사랑을 깊이 체험했기 때문에, 수많은 사람들이 그분의 임재 가운데 더 오래 머무르고 싶어 했던 것이다.

그 다음날 아침에는 서울의 한 유명한 교회에서 주일예배를 인도했다. 설교와 축도로 예배를 마친 다음, 나는 개인 사물을 챙기느라 회중석을 뒤로 하고 돌아서서 통역을 맡았던 아내와 잠시 이야기를 나누었다. 축도를 끝내고 몇 십 초도 안 되어서, 내가 다시 뒤를 돌아보았을 때, 예배당 안은 그야말로 완전히 텅 비어 있었다. 나는 너무 놀라서 입을 다물지 못했다. 어떻게 그 많던 사람들이 예배를 마치자마자 하나님의 임재 안에서 그렇게 빨리 빠져나갈 수 있단 말인가! 나는 아내에게 말했다.

"모두 어디로 간 거지? 어떻게 이렇게 빨리 나갔을까?"

예배자가 하나님의 임재로부터 신속히 벗어난다는 것은 자연스러운 일이 아니다. 예배는 매너리즘이 아니다. 하나님을 진정으로 사랑한다면, 그분의 임재 안에 좀 더 머무르려고 할 것이다. 서둘러 하나님을 떠나려 하지 않을 뿐만 아니라 그분의 집을 황급히 빠져나가고 싶은 마음도 들지 않는다.

> 내가 주의 신神을 떠나 어디로 가며 주의 앞에서 어디로 피하리이까
> 시 139:7

우리는 하나님을 사랑하는 은밀한 기쁨을 발견할 때, 그분과 끝없이 걷고 싶어 한다. 가장 높으신 주님과 함께 은밀한 곳에 거하는 은밀한 기쁨을 발견한 사람들은 오직 그 자리를 사모한다. 우리는 하나님의 영광스러운 임재 가운데 설 때 그분의 사랑에 취한다.

어떤 사람들은 습관적으로 매주 주일예배를 드린다. 하나님이 예배에 참석하기를 바라신다고 믿기 때문에 이들은 매주 예배에 참석하고 그만큼 시간을 투자한다. 이들은 예배 시간에 꼭 참는다. 그러나 축도가 끝나기 무섭게, 최대한 정중하면서도 신속하게 예배당을 빠져나간다.

어떻게 매주일 예배 시간이 참을 수 없을 만큼 불편한데도 가만히 앉아 그 시간을 버티는가? 육신의 힘으로 교회에 출석하고, 육신의 힘으로 성경공부하고 기도하며, 육신의 힘으로 하나님을 기쁘시게 하려 하기 때문이다. 그렇지만 억지로 하는 것이 무슨 소용이 있겠는가? 하나

님께서는 우리에게 이런 것을 기대하지 않으신다. 우리의 육신은 하나님을 기쁘시게 하지 못한다.

변화를 갈구하는 믿음으로 반응하라

우리가 그리스도의 본성을 받으면 하나님이 우리에게 그분을 사랑할 능력을 주신다. 그러기 위해서는 먼저 우리 자신과 하나님 앞에 정직해야 한다. 타락한 본성으로는 하나님을 기쁘시게 할 수 없다. 우리의 육신은 육신의 일에 몰두하기 때문에 육신의 힘으로는 하나님을 기쁘시게 해드리지 못한다. 우리에게는 은혜의 기적이 필요하다.

하나님께 하늘 본성의 선물을 달라고 기도했는가? 그렇다면 예수님이 당신 안에 변화를 일으키시리라는 기대감으로 주님을 따르며 그분과 동행해야 한다. 그러면 예수님이 우리를 변화시키신다. 기도만 하고 실제로 예수님을 따르지 않는다면 기도의 응답을 기대하지 말아야 한다. 이런 사람은 주님으로부터 무엇을 받으리라 기대해서는 안 된다(약 1:7 참조).

"하나님, 정말 저를 변화시키기 원하신다면 제 속에 새로운 본성을 주세요. 당신이 제 갈망을 바꾸실 때까지 저는 그저 죄 가운데 살겠습니다."

육신의 욕망을 따라 살고 있다면 헛된 기대는 삼가라. 이런 사람은 변화되지 않고 계속 죄 가운데 살면서 이렇게 말할지도 모른다.

"하나님이 나를 변화시켜주지 않으시는데 어쩌겠어! 나는 나를 변화시킬 힘이 없단 말이야. 하나님이 나를 변화시킬 준비가 아직 덜 되신 모양이야. 준비가 되면 변화시키시겠지."

그렇지 않다. 하나님은 준비가 되셨다. 준비가 안 된 쪽은 바로 당신이다!

죄는 불타는 건물 같다

성경은 "보라 지금은 은혜 받을 만한 때요"고후 6:2라고 선포한다. 구원은 바로 지금 이 순간의 일이다. 구원은 미뤄두었다가 나중에 생각해볼 일이 아니다. 구원의 중요성을 아는 사람은 그 긴급함을 강력히 느낀다.

어떤 사람이 불타는 건물 안에 있다면, 불이 난 것을 깨닫는 순간 즉시 그 건물에서 뛰쳐나올 것이다. 죄는 불타는 건물 같다. 자신이 있는 건물이 불타는 것을 알면서도 이런 말만 하는 사람은 없다.

"더 이상 여기 있으면 안 되겠어. 연기가 차올라서 숨쉬기가 어려워지잖아. 여긴 안전하지 않아. 이곳을 떠날 생각을 해봐야겠어."

불타는 건물 안에 있다는 것을 알게 되면 그 순간부터 절대 느긋할 수 없다. 당연히 건물 밖으로 뛰쳐나간다. 하지만 죄에 관대하고 조금씩 죄와 어울리기 시작하면 자신을 합리화하기 시작한다.

"나는 불타는 건물의 입구에 있어. 그러니까 건물이 무너지기 전에 언제라도 재빨리 빠져나갈 수 있을 거야."

아니다. 죄에서 도망쳐야 한다. 죄와 어울리는 사람은 죄의 쾌락을 먹고 살아간다. 죄의 쾌락은 인간의 정욕을 부추긴다. 죄의 쾌락은 인간을 만족시키는 지름길처럼 보이지만 결코 충족시킬 수 없는 가짜일 뿐이다.

사탄은 우리에게 다가와 이른바 지름길을 제시한다.

죄는 불타는 건물 같다. 불타는 건물 안에 있다는 것을 알게 되면 그 순간부터 절대 느긋할 수 없다. 당연히 건물 밖으로 뛰쳐나간다. 하지만 죄에 관대하고 조금씩 죄와 어울리기 시작하면 자신을 합리화하기 시작한다.

"네가 얼마나 괴로운지 알아. 무슨 일을 겪고 있는지도 알고 있어. 많이 힘들지? 이것 좀 먹어볼래? 그러면 기분이 좋아질 거야. 이 어려운 시기를 이겨낼 수 있을 거야."

사탄은 죄에 아주 조금만 양보하라고 유혹한다. 사탄은 우리가 이렇게 말하도록 유도한다.

"큰 죄도 아닌데 뭐! 아주 작은 죄일 뿐이야! 하나님은 자비하시니까 용서해주실 거야. 설마 하나님이 나를 버리시겠어? 나중에 회개하면 되지 뭐!"

하나님은 사랑이시며 우리를 용서하시는 하나님이시다. 그러나 절대로 죄를 묵과하거나 대수롭지 않게 여기는 분이 아니시다.

> 그런즉 우리가 무슨 말 하리요 은혜를 더하게 하려고 죄에 거하겠느뇨 그럴 수 없느니라 죄에 대하여 죽은 우리가 어찌 그 가운데 더 살리요
>
> 롬 6:1,2

흔히 사탄이 우리를 속일 때, 사탄은 그 거짓말에 반쪽 진리를 섞는다. 그러나 사탄이 우리에게 절대 해주지 않는 말이 있다. 죄와 어울리다보면, 마침내 죄의 권세에 사로잡히고 죄의 노예가 된다는 사실이다. 일단 죄의 노예가 되면 그 사람은 더 이상 자유로울 수 없다.

죄와 싸우지 않고 타협한다면?

살아 있는 개구리를 끓는 물에 넣으면 즉시 뛰쳐나온다. 그러나 실내

온도와 비슷한 미지근한 물에 넣으면, 개구리는 점점 긴장을 늦추고 새로운 환경에 편안하게 적응한다. 그런 다음 천천히, 조금씩, 거의 느끼지 못할 정도로 물의 온도를 올린다면 어리석은 개구리는 죽는 줄도 모르고 솥에서 나올 생각을 하지 않게 된다.

죄와 어울리는 어리석은 그리스도인도 이와 같다. 일단 우리가 '영적 타협'이라는 편안한 환경에 굴복하면, 사탄은 서서히 그 온도를 올린다. 사탄의 목적은 우리를 편안하게 해주려는 게 아니라 완전히 사로잡는 것이다.

사탄은 자기 먹잇감에게 죄의 결국, 즉 완전한 패망을 절대 보여주지 않는다. 패망을 보고 나면, 개구리가 끓는 물에서 당장 뛰쳐나오는 것처럼 죄에서 즉시 도망칠 게 뻔하기 때문이다. 우리는 죄의 실체를 알아야 한다. 죄가 결국 우리를 어디로 이끄는지 알려면 우리에게 영적 통찰력이 있어야 한다. 사탄은 절대 죄를 혐오스럽게 보이도록 하지 않는다. 그렇게 하면, 아무도 죄의 유혹에 넘어가지 않을 것이다. 우리는 죄의 속임수를 간파해야 한다. 우리가 사탄을 적극적으로 대적한다면 사탄은 도망칠 것이다.

> 그런즉 너희는 하나님께 순복할지어다 마귀를 대적하라 그리하면 너희를 피하리라 약 4:7

성경에도 영적으로 타협한 사람이 나온다. 이스라엘의 구원자 삼손이다. 하나님은 삼손을 사사士師로 세우셨으나 그는 영적으로 타협하고 원수와 점점 더 어울렸다. 그러면서 "더 늦기 전에 그만둘 수 있어!"라고 스스로 되뇌었다. 그러나 삼손이 결국 어떻게 되었는가? 자신의 교만에 속아 힘의 비밀을 데릴라에게 누설했고 삼손이 잠든 사이에 데릴라는 그의 머리카락을 잘라버렸다. 잠에서 깬 삼손은 여호와께서 이미 자기를 떠나신 줄 깨닫지 못하고(삿 16:20), 이번에도 위기에서 벗어날 수 있으리라 생각했다. 그는 죄와 영적으로 타협한 나머지 자기 욕망의 노예가 되었으며 쉽게 패배하고 말았다.

하나님은 우리를 자유하도록 부르셨다. 우리가 하나님의 성품을 단단히 덧입을 때까지 주님은 우리가 그분의 길을 따르고 배우도록, 우리를 제자로 부르셨다. 우리가 그리스도 안에서 굳게 서려면 예수님을 따르려는 우리의 결심이 뒤따라야 한다. 진정한 자유는 두 마음이 아니라 한마음을 품고 예수님을 따르는 데서 온다. 우리가 그리스도의 길을 온전히 따르려면, 십자가에서 우리를 위해 승리하신 그리스도의 자유 가운데 견고해지는 법을 배워야 한다.

우리를 이끌어내시는 예수님을 바라보라

예수님은 우리의 구원자이시다. 예수님은 십자가에서 우리가 할 수 없는 일을 이루셨다. 그분이 우리에게 자신을 따르라고 요구하신다. 예수님은 아버지께서 하시는 일을 하셨고 아버지께서 하시는 말씀만 하신다. 언제나 아버지와 함께 계시며 아버지 곁을 떠나지 않으시며 이에 만족하신다. 이것이 주님의 길이다. 우리도 이 길을 가야 한다. 하나님과의 친밀한 교제, 여기서 우리는 참 생명을 발견한다.

예수님은 "내가 땅에서 들리면 모든 사람을 내게로 이끌겠노라"요 12:32라고 말씀하셨다. 십자가의 '영화'glorification를 통해, 예수님은 모든 사람을 이끌어 자신과 교제하게 하신다. 그 일은 단지 예수님이 십자가에 못 박히셨다고 성취된 것이 아니다. 예수님이 죽음을 통해 영화롭게 되셔서 이루신 일이다.

예수님은 십자가의 고통을 기꺼이 견디셨다. 아무도 그분에게서 생명을 빼앗지 않았으나 예수님께서 스스로 목숨을 내주셨다. 예수님은 아버지께 구하여 열두 군단도 넘는 천사를 부르실 수도 있었으나 단 한 마디도 하지 않으셨다. 우리를 구원하시기 위해 고난 받고 죽으셨다. 예수님은 어떤 잘못도 하지 않으셨기에, 십자가를 수치로 여기지 않으시고 대신 용서하셨다.

예수님은 십자가를 통해 세상을 향한 사랑을 결정적으로 증명하신다. 예수님은 자신을 거부하고 미워하는 세상을 용서하신다. 이 예수님을 보면 우리를 향한 사랑을 알게 되고, 그제야 우리의 죄악을 깨닫는 동시에 주님에게로 이끌린다. 이런 사랑을 보면서, 우리는 백부장과 같이 고백하게 된다.

> 이는 진실로 하나님의 아들이었도다 마 27:54

예수님이 십자가에 달리심으로써 주님의 성품과 사랑의 영광이 드러난다. 이 사랑을 보고 그분을 믿을 때, 우리의 마음은 주저 없이 주님께 이끌린다.

WORSHIP ENCOUNTER

CHAPTER 6

우리 죄를 가져가시는 예수님을 만나면
결정적으로 변화한다

큰 왕국을 다스리는 젊은 왕이 있었다. 어느 날 왕이 길을 가다가 아리따운 아가씨를 만나 첫눈에 반했다. 아가씨는 아름다웠지만 가난한 시골 처녀였다. 젊은 왕은 자신이 왕으로 다가갔을 때 아가씨가 어떤 반응을 보일지 알 수 없었다.

'내가 왕이라서 나를 사랑하게 되는 건 아닐까? 내가 왕이라는 사실에 겁을 먹고 내가 듣고 싶어 하는 말만 하지는 않을까?'

왕은 고민 끝에, 왕의 영광을 잠시 내려놓기로 했다. 아가씨의 사랑과 신뢰를 얻기 위해 가난한 청년이 되기로 마음먹은 것이다. 왕은 가난한 평민으로 아가씨에게 다가갔고 아가씨 역시 점차 그를 사랑하게 되었지만 상대가 왕이라는 사실은 알지 못했다. 그녀는 청년을 있는 모습 그대로 사랑했다. 그의 가난은 아무런 문제가 되지 않았다. 왕은 그녀가 자신을 진심으로 사랑한다는 사실을 깨닫고 자신의 신분을 밝혔다. 마침내 두 사람은 결혼해서 행복한 가정을 꾸렸다.

왕은 아가씨를 사랑하는 마음으로 자신의 영광을 기꺼이 내려놓고 가난한 청년이 되었다. 그가 평민의 모습을 했던 것은 위장이 아니라 자신의 참모습을 드러내기 위한 방법이었다. 왕이 자신의 영광을 내려놓고 가난한 자와 같이 되었기에 아가씨도 그의 모습 그대로를 알고 그를 사랑할 수 있었던 것이다.

우리도 예수님을 통해 이와 비슷한 경험을 하게 된다. 하나님의 아들이신 예수님은 하나님의 본체이시나 자신을 비워 종의 형체로 사람의 몸을 입으시고 오셨다. 그분은 주님을 믿는 우리에게 그리스도 예수의 마음, 즉 그분의 성품을 선물로 주셨다(빌 2:5-11).

자신이 누구인지 아는 방법

영생은 하나님을 아는 것이다(요 17:3). 그리스도인은 무엇과도 비교할 수 없는 하나님과의 '교제'를 선물로 받는다. 우리는 아버지와 교제하고 아들과도 교제한다(요일 1:3 ; 고전 1:9). 아버지와 아들이 맺은 영원한 관계는 진정한 정체성의 핵심이다. 우리는 그리스도를 통해 "신神의 성품에 참여하는 자"(벧후 1:4)가 되었다. 거듭난 그리스도인은 신의 성품에 협력하고 참여하는 사람, '코이노노스'koinonos가 되었으며, 이제 하나님과 친밀한 관계koinonia를 맺게 된다.

많은 사람들이 자신의 정체성 때문에 고민한다. 현대 사회의 큰 문제 중 하나는 사람들이 자신이 누구인지 모르고 산다는 것이다.

"무엇이든 네가 원하는 대로 하라!"

"할 수 있다면, 무엇이든 너를 행복하게 하는 일을 하라!"

현대의 대중문화와 철학도, 인본주의적 세속주의 종교도 자유와 행복을 부르짖는다. 그러나 우리는 진정한 자유가 무엇인지, 진정한 행복이 무엇인지 모르는 사회 속에서 살고 있다. 진정한 자유와 행복이 무엇인지도 모르는데, 무엇이 우리를 진정으로 자유롭게 하고 진정으로 행복하게 하는지 어떻게 알겠는가?

인간은 자신의 삶을 향한 하나님의 완전한 뜻 가운데 거할 때만 참 행복을 누릴 수 있다. 우리는 하나님과의 교제를 위해 창조되었고, 하나님을 떠나서는 살 수 없다. 하나님이 누구신지 알 때, 그때야말로 자신이 누구인지를 정확히 알 수 있다. 하나님을 모르면 절대 자신을 알 수 없다. 그렇기 때문에 아버지가 누구시며, 예수님이 누구시며, 성령님이 누구신지 아는 것이 그만큼 중요한 것이다.

하나님의 피조물인 우리는 하나님의 형상으로 창조되었다. 거듭나서 하나님의 자녀가 된 우리는 신의 성품에 참여하는 자가 되었으며, 이제 하나님과 친밀한 교제를 나눈다. 하나님이 누구신지 알면 알수록 우리는 우리 자신에 대해 더 잘 알게 된다.

결정적 순간

우리의 참된 정체성은 하나님과 분리될 수 없다. 하나님이 우리를 지으셨기 때문이다. 하나님이 우리 안에 자신의 정체성 일부를 부으셨고 우리의 마디마디에 '하나님의 사인 signature'을 새기셨다. 우리는 하나님의 형상으로 특별하게 창조되었다.

인간은 하나님의 피조물이며 따라서 스스로 생명을 갖지 못한다. 우리는 하나님이 아니며 인간의 생명은 하나님의 선물일 따름이다. 하지만 반대로 예수님은 창조주이시다. 하나님에게 생명이 있듯이 예수님에게도 생명이 있다. 만물이 그분에 의해, 그분을 통해 창조되었다. 예수님과 하나님은 생명의 근원이시다.

구약의 선지자들은 이 땅에 오실 메시아에 관해 그들 자신이 기록하는 내용이 무슨 뜻인지 간절히 알기 원했다. 그들이 그토록 깨닫기 원한 약속은 때가 이르러 하나님의 아들이신 예수 그리스도를 통해 이루어졌다. 예수님의 사역의 결과, 지금 우리는 그 약속의 성취를 누리고 있다. 우리는 그리스도를 믿음으로 말미암아 살아 계신 하나님의 성령으로 거듭나 하나님의 자녀가 되었다(요일 3:1).

아버지께서 얼마나 놀라운 사랑을 베풀어주셨는가? 우리가 예수 그리스도 안에서 자기 정체성을 깨닫기 시작하면 아마 깜짝 놀라게 될 것이다. 우리는 겨우 용서받았거나 가까스로 천국을 허락받은 게 아니다.

예수님은 "육으로 난 것은 육이요"요 3:6라고 말씀하셨다. 우리는 육으로 났으므로 육신의 본성이 어떤지 안다. 그러나 하나님은 혈과 육으로는 하나님나라를 유업으로 받지 못한다고 말씀하셨다. 그러면 어떻게 하나님나라를 상속받는가? 하나님의 나라는 선물이라서 그리스도를 믿음으로써 받을 수 있다. 우리는 죄를 용서받을 뿐만 아니라 우리 안에 '신의 성품'을 선물로 받는다. 또 성령께서 친히 우리를 제자로 훈련시키기 시작하신다.

한 사람이 거듭나는 결정적인 순간, 모든 것이 변한다. 아담의 타락으로 잃었던 것이 우리 속에서 회복된다. 우리 속에서 믿음이 깨어나고 우리는 새로운 본성을 받는다. 거듭남의 순간은 예수님을 참모습 그대로 보며 환한 빛을 보는 순간이다. 우리가 예수님의 사랑을 완전히 이해할 때, 우리의 삶은 영원히 변한다. 절대로 이전과 같지 않다.

자연적인 출생처럼, 거듭남의 기적도 결정적인 순간이다. 영적 자녀로 출생하는 순간, 그 전후에는 분명한 경계선이 있다. 많은 사람들이 자신이 거듭난 순간을 정확히 기억한다. 왜냐하면 그때가 바로 구원 얻는 믿음을 받는 순간이며, 예수님이 우리의 내면 가장 깊은 곳에 명확히 계시되는 순간이기 때문이다.

예수님의 참모습을 볼 때, 우리는 자신이 누구인지 깨닫게 된다. 자신을 창조하신 분이 누구신지 깨닫는 순간, 우리에게 두 가지 일이 동시에 일어난다. 하나는 인간의 죄가 얼마나 혐오스러운지 깨닫는 일이며, 다른 하나는 하나님이 얼마나 아름다운 분이신지를 깨닫는 것이다. 우리의 죄악이 하나님의 은혜와 만나서 하나님의 은혜가 우리의 죄와 죄책감을 씻어낸다.

신성한 교환

'예수님은 죄인들이 왜 예수님을 만지도록 그냥 두셨을까?'

혹시 당신은 이렇게 생각해본 적이 있는가? 인간의 죄와 예수님의 '의'義가 만나서 '신성한 교환' divine exchange 이 이루어진다. 이것으로 우리는 예수님의 의를 선물로 받고 예수님은 우리의 죄를 대신 지신다. 이

것이 바로 예수님이 우리 죄를 위해 죽으실 때 십자가에서 이루어진 일이다. 예수님이 우리의 죄를 가져가셨고, 우리는 그 예수님을 바라볼 때 구원받는다.

예수님은 내내 이렇게 일하셨다. 예수님은 부정한 자들을 기꺼이 만지셨고 그러는 가운데 그들은 깨끗함을 받았다. 예수님이 산상설교를 마치신 뒤 큰 무리가 그분을 따를 때 한 문둥병자가 그분 앞에 나아와 절하며worshiped 말했다.

> 주여 원하시면 저를 깨끗케 하실 수 있나이다 하거늘 예수께서 손을 내밀어 저에게 대시며 가라사대 내가 원하노니 깨끗함을 받으라 하신대 즉시 그의 문둥병이 깨끗하여진지라 마 8:2,3

바로 이때 '신성한 교환'이 일어났다. 문둥병자는 '예배자'로 주께 나왔다. 그는 부정不淨했으나 나와서 예수님을 예배하고 믿었다. 우리가 예수님께 어떻게 나오는가? 이것이 중요하다. 우리 역시 아무런 자격이 없지만 믿음으로, 예배자로 나와야 한다.

예수님이 회당장 야이로의 딸을 고치려고 그의 집으로 가실 때, 큰 무리가 그분을 에워쌌다(눅 8:40-56 참조). 그때 12년간 혈루증을 앓던 여인이 뒤에서 다가와 예수님의 옷깃을 만졌다. 유대법에 따르면, 피를 흘리는 자는 누구든지 규정상 부정했다. 따라서 이 여인이 예수님을 만지는 것은 불법이었다. 부정한 여인은 랍비의 몸에 손을 댔다는 죄로 붙잡힐까봐 아주 긴장했던 게 분명하다. 그러나 그녀는 예수님을 만지면 자신의 병이 완전히 나으리라는 것을 알았다.

> 이는 제 마음에 그 겉옷만 만져도 구원을 받겠다 함이라 마 9:21

여인은 몰래 다가가 예수님을 만졌고 그러자 그 병이 즉시 나았다.

> 예수의 뒤로 와서 그 옷 가에 손을 대니 혈루증이 즉시 그쳤더라 눅 8:44

신성한 교환이 일어났다. 예수님은 자신의 몸에서 능력이 나갔음을 느끼시고, "내게 손을 댄 자가 누구냐?"라고 물으셨다. 어떤 사람들은 인파에 밀려 본의 아니게 예수님에게 손을 대기도 했다. 그러나 이번만큼은 달랐다. 예수님은 이것이 '믿음의 접촉'임을 아셨다(눅 8:47,48).

사람들이 예수님이 만져주시길 바라고 어린아이들을 데려왔다. 그런데 제자들이 그 사람들을 막았다. 이를 본 예수님이 제자들을 엄히 꾸짖으셨다.

> 예수께서 보시고 '분히 여겨' 이르시되 '어린아이들의 내게 오는 것을 용납하고 금하지 말라 하나님의 나라가 이런 자의 것이니라 내가 진실로 너희에게 이르노니 누구든지 하나님의 나라를 어린아이와 같이 받들지 않는 자는 결단코 들어가지 못하리라' 하시고 그 어린아이들을 안고 저희 위에 안수하시고 축복하시니라 막 10:14-16

예수님이 사역하실 때, 많은 사람들이 주님께로 나왔다. 그러나 어린 아이와 같은 순수한 마음을 가진 겸손한 예배자로 나온 사람은 별로 없었다. 그분에게 복을 구하는 사람은 많았으나 안아주심을 구하는 사람은 적었다.

예수님을 맞이하는 자세

누가복음 7장에 나오는 바리새인 시몬은 그 지역에서 존경받는 종교 지도자였다. 그가 예수님을 좀 더 알고 싶었는지, 예수님을 자신의 집으로 초대해 식사를 대접했다. 그러나 예수님에게 흥미를 갖는 정도로는 부족하다. 예수님을 어떻게 맞이하는지를 보면 그가 예수님을 누구로 아는지 드러난다.

당시 사람들은 집 안에 들어갈 때 신을 벗었다. 길에 먼지가 많아서 발이 쉽게 더러워지기 때문에 발을 씻고 들어가는 것이 관습이었다. 그래서 손님을 초대한 주인은 보통 발 씻을 물을 담은 대야와 수건을 준비했다. 그 집에 종이 있는 경우에는 종이 손님의 발을 씻겼다.

그러나 시몬은 예수님을 집으로 맞이하면서 발을 씻기는 기본적인 대접도 하지 않았다. 이것은 시몬이 예수님의 사회적 지위를 어느 정도로 여겼는지 보여준다. 우리는 그 자리에 누가 더 초대되었는지, 다른 손님들은 발을 씻는 기본적인 대접을 받았는지 여부를 잘 모른다. 그러나 예수님이 나중에 하신 말씀에 비춰볼 때, 시몬은 예수님에게 기본적인 예의를 갖추지 않은 것으로 보인다.

여자를 돌아보시며 시몬에게 이르시되 이 여자를 보느냐 내가 네 집에 들어오매 너는 내게 발 씻을 물도 주지 아니하였으되 이 여자는 눈물로 내 발을 적시고 그 머리털로 씻었으며 너는 내게 입맞추지 아니하였으되 저는 내가 들어올 때로부터 내 발에 입 맞추기를 그치지 아니하였으며 너는 내 머리에 감람유도 붓지 아니하였으되 저는 향유를 내 발에 부었느니라 눅 7:44-46

통상 초대 손님의 사회적 지위에 따라 발 씻을 물을 주고, 발을 씻기고, 입맞춤의 인사를 하고, 머리에 기름을 발라주는데, 시몬은 예수님에게 이런 인사 중 어느 것 하나 하지 않았다. 이렇게 작은 행동 하나의 생략도 많은 것을 말해준다. 시몬이 예수님을 어떻게 생각했든지 간에 그가 존경과 애정으로 예수님을 맞이하지 않은 것만은 분명하다.

여인의 예배

예수님이 시몬의 식탁에 앉아 계실 때, 갑자기 초대받지 않은 한 여인이 들어왔다. 여인은 그 지역에서 죄인으로 소문난 여자였다. 사회적 관습을 깨고 느닷없이 모임 장소에 나타났을 때, 여인은 과연 무슨 생각을 했을까? 문 밖에서 상당히 머뭇거리지 않았을까? 그러나 예수님을 만나겠다는 여인의 갈망은 사람들이 자신을 어떻게 생각할는지 두려워하는 마음과는 비교할 수 없었다.

그렇다. 예수님이 가까이 계시다면 그분을 만나기 위해, 그분 앞에 나아가기 위해 우리는 필사적으로 그분 앞으로 돌진해야 한다. 어떤 것도 이 일을 방해할 수 없다. 당신이 어떤 환경에 처해 있고 어떤 장애물이 당신 앞을 가로막더라도, 하나님을 만나는 카이로스의 순간만큼은 결코 놓쳐서는 안 된다. 주님을 만나는 일보다 더 중요한 일은 없다!

우리의 삶은 한순간 하나님의 임재 안에 있는 것만으로도 완전히 바뀔 수 있다. 이 여인이 예수님에게 한 행동을 주의해 보라.

> 그 동네에 죄인인 한 여자가 있어 예수께서 바리새인의 집에 앉으셨음을 알고 향유 담은 옥합을 가지고 와서 예수의 뒤로 그 발 곁에 서서 울며 눈물로 그 발을 적시고 자기 머리털로 씻고 그 발에 입 맞추고 향유를 부으니 눅 7:37,38

여인이 향유 담은 옥합을 가지고 나온 것을 보면 마음속으로나마 예수님에게 기름을 붓는 연습을 미리 했던 것으로 보인다. 우리가 예수님을 만나기 전이라면 그분 앞에서 무슨 말을 할지 미리 연습해볼 것이다. 하지만 실제로 우리가 주님 앞에서 어떻게 반응할는지 미리 알 수는 없다.

이 여인 역시 자신이 예수님 앞에 엎드려 하염없이 눈물을 흘리리라고는 예상하지 못했을 것이다. 여인은 눈물로 주님의 발을 씻길 만큼 많이 울었다. 그러나 시몬의 무관심과 달리, 여인은 용기 있는 회개와 감사의 눈물로 예수님을 높였다. 그것은 예상하지 못한 놀라운 방법이었다. 사전 예행연습도 없었던 여인의 예배가 사회적인 관습에 따라 예수님을 대접하는 방법보다 훨씬 더 예수님을 높인 것이다.

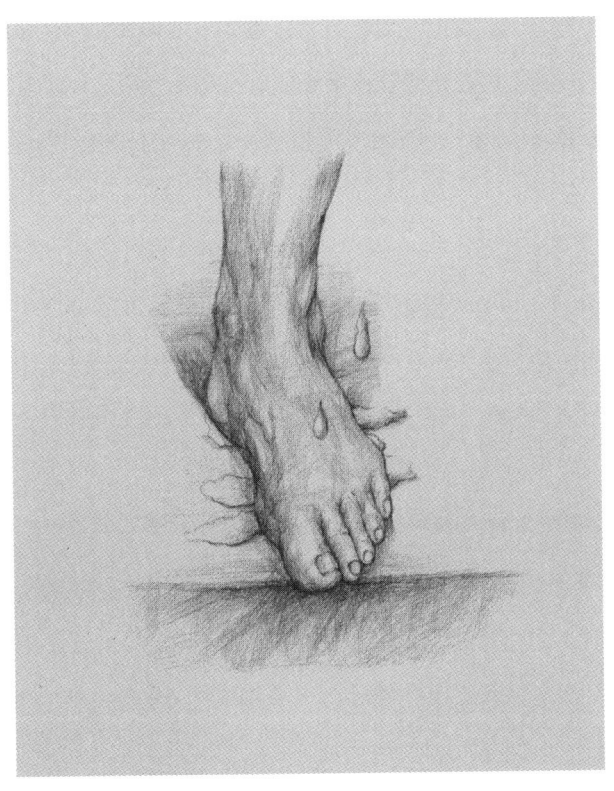

여인은 자신이 예수님 앞에 엎드려 하염없이 눈물을 흘리리라고는 예상하지 못했지만,
자신의 눈물로 주님의 발을 씻길 만큼 많이 울었다.
여인의 용기 있는 회개와 감사의 눈물이 예수님을 높였다. 그것은 예상하지 못한 놀라운 방법이었다.

죄를 용서해주시는 구원자

만약 여인이 다른 사람들의 시선이 두려워서 이 결정적인 순간을 놓쳤더라면 어떻게 됐을까? 여인의 미래는 이 일로 영원히 바뀌었다. 여인은 이전과 같지 않았다. 여인은 예수님을 만나 다른 사람이 되어 돌아갔다. 우리가 진짜 예수님을 만났다면 변하지 않고 그대로일 리 없다. 예수님께 어떻게 반응하느냐에 따라 우리의 미래가 결정된다. 예수님을 만난 사람은 변화를 체험하고, 예수님을 놓치는 사람은 결정적인 운명의 순간을 놓친다.

죄가 우리를 만지면, 우리는 죄의 영향을 받는다. 그러나 죄인들이 예수님을 만지면, 예수님은 그들의 죄를 없애신다. 시몬은 여인이 예수님을 만지도록 두시는 것을 보고 속으로, "이 사람이 만일 선지자더면 자기를 만지는 이 여자가 누구며 어떠한 자 곧 죄인인 줄을 알았으리라"눅 7:39라고 말했다. 시몬은 예수님을 자신의 집으로 맞아들였으나 예수님이 죄를 용서하실 수 있는 유일한 구원자이심을 깨닫지도 그분을 높이지도 못했다.

이와 대조적으로 여인은 예수님이 자신의 죄를 용서해주시는 유일한 구원자이심을 깨달았다. 예수님은 여인의 죄를 사해주셨다. 그것은 여인의 예배에 비례했다. 많이 용서받은 자는 많이 사랑하고, 사함을 받은 일이 적은 자는 적게 사랑하는 법이다눅 7:47.

하나님은 우리가 더 큰 자비로 이웃을 사랑하기 원하신다. 왜냐하면 이것이 하나님의 성품과 마음을 표현하는 것이기 때문이다. 내가 지은 죄뿐만 아니라 다른 사람이 나에게 지은 죄에도 자비가 필요하다. 어떤 사람이 누군가에게 죄를 지으면, 당한 사람은 영적, 감정적 상처를 입는다. 하나님의 은혜로 치유되지 않으면, 그 상처는 오랫동안 아물지 않을 수도 있다. 예수님의 피로 용서받지 않으면, 그 죄는 쓴뿌리가 될 수 있다.

용서하지 않는 죄를 짓지 말라

용서하지 않는 죄는 독과 같다. 용서하지 않으면 마음에 해를 입는다. 삶에 대한 시각이 바뀌어 모든 것을 색안경을 낀 채로 보게 된다. 용서하지 않는 죄는 사람과 하나님 사이의 친밀함을 파괴한다. 누군가 당신에게 잘못한 것이 있다면, 당신은 그 문제를 반드시 십자가 앞에 내려놓아야 한다. 용서하지 않으면 비탄과 낙담과 우울의 포로가 된다. 용서하고 싶지 않아도 용서해야 한다. 눈물로 용서해야 한다. 용서될 때까지 용서하고, 또 용서하고, 끝내 용서해야 한다.

용서에는 의도적인 끈질김이 요구된다. 한 제자가 예수님에게 "주여 형제가 내게 죄를 범하면 몇 번이나 용서하여주리이까 일곱 번까지 하오리이까"마 18:21라고 물었다. 이 질문은 "일곱 번 용서한 후에는 더 이상 용서하지 않아도 되겠지요?"라는 뜻이 담겨 있다. 그러나 예수님은 "일곱 번뿐 아니라 일흔 번씩 일곱 번이라도 할지니라"마 18:22라고 대답하셨다. 주님의 제자인 우리는 자신에게 잘못한 사람들을 몇 번이나 용서했는지 잊어버릴 때까지 용서해야 한다. 그 과정에서 용서가 우리의 본성이 된다.

우리는 그리스도께 용서받았기 때문에 받은 은혜로 다른 사람들을 용서할 수 있다. 예수님은 고침을 받은 자들에게 "거저 받았으니 거저 주어라"마 10:8라고 말씀하셨고, 제자들에게도 "너희가 뉘 죄든지 사하면 사하여질 것이요 뉘 죄든지 그대로 두면 그대로 있으리라"요 20:23라고 말씀하셨다.

사탄은 우리 안에 용서의 불꽃을 끄기 위해 다양한 전략을 쓴다.

"물론, 넌 용서할 수는 있어! 하지만 절대 잊지는 못할 거야. 안 그래?"

누군가에게 받은 상처가 갑자기 생각날 때가 있다. 오래 전에 그 사람을 용서했지만, 그때 일이 어제 일처럼 떠올라 그 상황과 다시 씨름하게 될 때, 우리는 거듭 용서해야 한다. 평생 매일 일흔 번씩 일곱 번 용서해야 할지도 모른다. 그러나 당신은 이렇게 결단해야 한다.

"용서하자! 원한을 품는 사람이 되지 말자! 그 사람에게 받은 상처로 나와 하나님간의 친밀함을 파괴하지 말자!"

용서가 본성이 될 때까지

용서는 은혜의 일이다. 그러나 우리가 믿음으로 하나님의 용서를 받았듯이 우리도 믿음으로 용서를 연습해야 한다. 하나님의 은혜로 마침내 은혜가 우리의 본성이 될 때까지 용서를 끈질기게 연습해야 한다. 용서가 본성이 되면, 우리는 완전한 자유를 누린다.

의도적으로 용서할 때, 자비는 우리의 성품이 된다. 우리에게 용서하고 싶은 마음이 있든 없든, 용서는 우리의 삶이 되어야 한다. 용서는 하고 싶을 때만 하는 게 아니다. 용서를 연습할 때, 우리는 경건을 연습하는 것이다. '경건'godliness은 문자적으로 "하나님을 닮다"God-likeness라는 뜻이다. 경건은 성령께서 우리의 성품을 예수 그리스도의 성품으로 빚으시도록 자신을 주님께 내어드린다는 뜻이다.

순종은 의義의 열매를 맺는다. 그리스도의 제자는 쉽든지 어렵든지 옳은 일을 끊임없이 성실하게 해야 한다. 하나님의 말씀은 절대로 헛되이 돌아오지 않는다(사 55:11). 눈물을 흘리며 씨를 뿌리는 자는 기쁨으로 거둔다(시 126:5). 우리가 성실하게 사람들을 용서하면, 때가 되면 자유하게 된다. 아픔이 사라진다. 아픈 기억도 달라진다. 과거에 그런 일이 일어난 것은 사실이지만, 지난 일일뿐 더 이상 영향을 미치지 못한다.

하나님은 자신의 뜻을 우리에게 강요하지 않으신다. 하나님은 고집스러운 영혼에게 자신을 닮으라고 강요하지 않으신다. 어떤 사람이 알면서 계속 죄를 짓는다고 해서 그에게 강제로 변화를 요구하지도 않으신다.

하지만 그렇더라도 우리는 하나님의 은혜가 역사할 수 있는 자리에 있어야 한다. '절대 그 사람을 용서 못해! 하나님이 용서할 마음을 주시기 전에는 용서하지 않을 거야!'라고 생각해서는 안 된다. 당신은 준비가 되어 있어야 한다. 예수님이 아버지께서 하시는 일을 보고 그 일만 하셨듯이, 우리도 예수님의 제자로서 예수님이 하시는 일을 보고 그 일을 해야 한다(요 5:19, 8:38 참조). 예수님이 자신에게 잘못한 사람들을 용서하셨듯이 우리도 그렇게 용서해야 한다.

용서의 능력이 우리에게서 나오지 않는다는 것을 기억하라. 용서는 하나님의 선물이다. 그러나 우리는 예수님이 용서하라고 하셨기 때문에 용서해야 한다.

우리의 발을 씻기시는 예수님처럼

배반당하시던 날 밤, 예수님은 제자들의 발을 씻기셨다. 발을 씻기는 일은 주인의 일이 아니라 종의 일이다. 예수님은 우리 가운데 섬기는 자로 계신다.

> 내가 주와 또는 선생이 되어 너희 발을 씻겼으니 너희도 서로 발을 씻기는 것이 옳으니라 내가 너희에게 행한 것같이 너희도 행하게 하려 하여 본을 보였노라 요 13:14,15

예수님은 우리의 주님이요 스승이며 우리의 본이 되신다. 그 예수님이 우리를 섬기시고 남 섬길 것을 가르치시며, 또 그럴 힘을 주신다. 예수님은 제자의 발을 씻기고 섬기는 것을 부끄러워하지 않으신다.

예수님은 우리의 죄를 없이 하시려고 우리가 이해하기 어려운 방법으로 자신을 낮추셨다. 예수님은 일어나 겉옷을 벗고 수건을 가져다가 허리에 두르셨다(요 13:4). 그리고 제자들의 발을 씻기셨다. 예수님이 자신의 영광을 내려놓고 종의 모습을 취하신 것이다(빌 2:7). 이것은 우리에게 영생의 선물을 주시기 위함이었다.

예수님이 당신의 발을 씻기시도록 하겠는가? 이를 거부한다면 당신은 예수님과 상관이 없다(요 13:8). 어떤 사람들은 자신의 힘으로 예수님을 섬기려고 한다. 하지만 먼저 우리가 예수님의 섬김을 받지 않고서는 다른 사람들을 섬기지 못한다. 주님의 은혜를 맛보면 자연스럽게 다른 사람들을 향한 은혜가 샘솟는다. 주님의 사랑이 우리 안에서 영생하도록 솟아나는 샘물이 되어 흐른다(요 4:14).

우리 죄를 가져가시는 예수님을 만나라!

당신은 살면서 이런 저런 죄로 갈등한 적이 있을 것이다. 은밀한 죄일 수도 있고 그렇지 않은 죄일 수도 있다. 어쩌면 평생 혹은 오랜 시간 자신을 괴롭히는 죄로 갈등해왔을지도 모른다. 그런데 이 모든 죄는 우리와 하나님간의 친밀함을 무너뜨린다.

하나님과의 친밀함은 인간의 죄성 때문에 이미 파괴되었다. 그러나 우리가 죄를 자의적으로 선택할 때, 이런 파괴는 더욱 심해진다. 당신이 죄를 지을 때마다 하나님과의 친밀함이 더욱 깨지는 것이다.

> 여호와의 손이 짧아 구원치 못하심도 아니요 귀가 둔하여 듣지 못하심도 아니라 오직 너희 죄악이 너희와 너희 하나님 사이를 내었고 너희 죄가 그 얼굴을 가리워서 너희를 듣지 않으시게 함이니 사 59:1,2

하나님은 귀머거리가 아니시며 우리에게 구원의 팔을 뻗지 못하실 만큼 멀리 계시지도 않다. 그러나 죄악이 우리와 거룩하신 하나님 사이를 갈라놓았다. 죄는 그 종류에 상관없이 우리와 하나님의 관계를 단절시킨다. 이 때문에 그리스도께서 오셨다. 그리스도께서는 하나님의 어린양으로 오셔서 하나님과의 친밀함을 깨뜨리는 죄를 가져가셨다. 죄는 친밀함을 깨뜨린다. 하나님께서는 친밀함을 회복하기 원하시지만 빛이 어둠과 사귈 수 없기 때문에 반드시 '신성한 교환'이 필요하다.

하나님은 절대로 죄를 눈감아주지 않으신다. 죄의 형벌은 사망이다. 죄는 우리 안에 심판에 대한 의식적이고 감성적인 자각을 낳는다. 뿐만 아니라 법적 판결을 초래한다. 죄에 대한 법적 판결에 따라 속죄가 요구되는 것이다. 그렇기 때문에 예수님이 세상 죄를 지시고 완전한 대속을 이루셨다.

당신이 예수님의 '의'義가 되게 하기 위해 그분은 당신의 '죄'가 되셨다(고후 5:17 참조). 예수님은 우리가 그분의 신성을 완전히 공유할 수 있도록 인간과 완전히 하나가 되셨다. 죄 없으신 예수님만이 인간으로서, 인간을 대신하여 인류의 죄를 위해 죽으실 수 있다.

사람들은 죄 때문에 받을 심판을 두려워하여 하나님을 피해 어둠 속에 숨는다. 그러나 눈부신 그리스도의 영광을 볼 때, 우리는 눈물로 주님의 발을 씻긴 여인처럼 어둠에서 나오게 된다. 당신은 예수님의 참모습을 보는가? 주님께서 당신의 발을 먼저 씻기시도록 맡기겠는가?

PART 3

주님 안에서
자신이 누구인지 아는 예배자

The worshiper who finds his identity in Christ

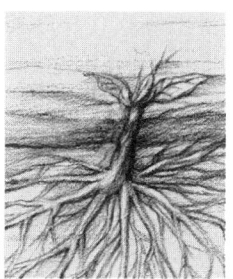

예수님이 당신에게 완전한 만족을 주시는가? 아니면 다른 데서 정체성과 목적을 찾고 있는가? 오직 예수 그리스도만이 우리에게 진정한 생명과 정체성과 의미를 주신다. 우리는 하나님 안에서 자신이 누구인지 확실히 알아야 한다.

WORSHIP ENCOUNTER

CHAPTER 7

진정한 만족을 주시는
예수님에 목마른가?

대학을 졸업하던 날, 나는 졸업장이 미처 준비되지 않았다는 통보를 받았다. 그래서 졸업식 당일에는 졸업장을 보관하는 봉투만 받게 되었다. 졸업식이 끝나고 내가 미처 설명하기도 전에 어머니는 봉투를 열어 보셨다. 아들의 빛나는 졸업장을 기대하신 어머니는 텅 빈 봉투를 보시더니 이렇게 말씀하셨다.

"스캇, 너 정말 졸업한 거 맞니?"

나는 웃으면서 어머니께 상황을 설명해드렸고, 어머니도 안도하셨다. 물론 졸업장은 다음 날 받았다.

졸업장은 직함과 같다. 이 증서가 한 개인의 성취를 인정해주기는 하지만 그가 실질적으로 무엇을 배웠고, 무엇을 성취했는지에 더 큰 의미를 부여하는 것은 아니기 때문이다. 내가 졸업했음을 증명하기 위한 졸업장이라면 내게 필요 없었으며, 졸업식은 실질적인 나의 변화와 지나온 과정을 축하하는 날일 뿐이다.

예수님과 우정을 쌓아가라

그리스도와의 관계가 발전하면 우리는 예수님의 제자에서 벗으로 점차 변화한다. 우정은 하나님과의 친밀함을 의미한다. 예수님과의 우정은 그분의 성품이 우리 속에 빚어낸 결과이다. 친구라면 같은 일에 관심을 보이는 것처럼, 진정한 우정은 가치관을 공유한다.

예수님은 제자들을 친구라고 선언하셨다.

> 이제부터는 너희를 종이라 하지 아니하리니 종은 주인의 하는 것을 알지 못함이라 너희를 친구라 하였노니 내가 내 아버지께 들은 것을 다 너희에게 알게 하였음이니라 요 15:15

이 말씀을 들은 많은 새신자들이 "주님과 나는 좋은 친구야!"라고 쉽게 생각한다. 그렇지만 주님과 만나자마자 친구가 될 수 있는 것은 아니다. 하나님과의 우정은 지속적인 순종과 신뢰를 바탕으로 형성된다. 즉각적으로 형성되는 친밀함은 없다. 우정은 쌓아가는 것이다. 예수님은 지상사역에 동행한 제자들에게 "너희는 내 친구다"라고 말씀하시지 않았다. 사역이 끝날 때쯤에서야 "이제부터 너희를 친구라 하겠다"라고 말씀하셨다.

우리는 주님과 자동적으로 친구가 되지는 않는다. 그간 이 제자들은 그리스도를 따르고 그분의 길을 배웠다. 우리도 마찬가지이다. 우리는 반드시 먼저 그리스도의 제자가 되어야 한다. 온전히 주님을 의지하고 순종함으로써 그분의 길을 배우고 그분을 닮아가야 한다.

전적인 신뢰와 순종

아브라함은 하나님의 친구라고 불렸다. 하나님은 아브라함을 부르실 때 이렇게 명령하셨다.

> 너는 너의 본토 친척 아비 집을 떠나 내가 네게 지시할 땅으로 가라 내가 너로 큰 민족을 이루고 네게 복을 주어 네 이름을 창대케 하리니 너는 복의 근원이 될지라 너를 축복하는 자에게는 내가 복을 내리고 너를 저주하는 자에게는 내가 저주하리니 땅의 모든 족속이 너를 인하여 복을 얻을 것이니라 창 12:1-3

하나님께서는 아브라함에게 철저한 순종의 삶을 요구하셨다. 아브라함은 하나님이 자신을 부르셨다는 사실밖에 몰랐지만, 하나님을 믿었기에 어디로 가는지 알지 못하면서도 길을 나섰다(히 11:8). 성경은 아브라함이 그때 어떤 생각을 했는지 말하지 않는다. 두렵고 불안해 했을까? 어떻게 해야 할지 몰라 고민했을까? 그런 암시는 없다. 그는 오직 하나님을 믿고 순종했을 뿐이다. 이와 같은 철저한 순종은 하나님의 마음을 기쁘시게 한다.

하나님의 진정한 친구가 되려면, 이렇게 순종의 시험을 통과해야 한다. 우리는 하나님이 말씀하셨으니 그 말씀 그대로 순종하는 법부터 배워야 한다. 하나님을 알면 그분을 믿고 열심히 따르게 된다. 하나님이 아브라함에게 부모와 친척과 고향을 떠나라고 말씀하시기 전에 아브라함은 어땠을까? 하나님을 알았을까? 하나님은 아브라함에게 어떻게 자신을 나타내셨을까?

성경은 이 부분에 대해서 침묵한다. 그런데 이 침묵이 곧 아브라함이 이전부터 하나님을 알았다는 사실을 암시한다. 알지도 못하는 하나님께 갑자기 순종하는 사람이 어디 있겠는가? 아브라함은 이 부르심 이전에도 하나님을 알았고, 하나님과 단둘만의 역사가 있었다. 아브라함은 살아 계신 하나님, 즉 자신이 알고 신뢰하는 하나님께 순종한 것이다.

당신에게 하나님과 단둘만의 은밀한 역사가 있는가? 지극히 높으신 분과 우정을 나눈 당신의 소중한 삶이 소중한 곳에 기록되어 있는가? 그분과의 관계야말로 진정한 상급이다.

자신이 누구인지 아는 일 vs 진정한 만족을 얻는 일

하나님과의 우정이 자라면 우리의 신분이 바뀐다. 하나님이 아브라함의 이름을 곧바로 바꾸지 않으셨다는 사실에 주목하라. 하나님이 아브라함에게 모든 것을 버리라고 하셨을 때는 그를 "존귀한 아비"라는 뜻의 '아브람'이라고 부르셨다. 하나님이 그의 이름을 "열국의 아비"라는 뜻의 '아브라함'으로 바꾸신 것은 하나님과 아브라함의 관계가 크게 진전된 후였다(창 17:5). 관계가 성숙하면서 하나님 안에서 아브라함의 신분도 확대된 것이다.

우리의 이름은 우리의 신분과 관련이 있다. 하나님께서 당신의 이름을 바꾸실 때, 하나님은 자신과 당신의 관계에 따라 당신의 정체성을 확립시키신다. 우리는 하나님 안에서 자신이 누구인지 알아야 한다. 먼저 하나님이 누구신지 아는 것, 모든 것을 버리고 하나님을 온전히 따르는 것, 하나님과의 관계는 바로 이런 철저한 믿음의 헌신을 통해 자라나고 발전한다.

우리는 예수님과 얼굴을 대면하여 아는 관계를 체험해야 하며, 그분의 참모습을 믿음의 눈으로 보아야 한다. 그때 비로소 우리는 예수님과 자신의 관계 안에서 자신의 정체성을 깨닫고, 궁극적인 만족을 얻게 될 것이다. 그리스도의 생명은 그분을 따르는 과정을 통해 우리 안에서 성장하고 성숙한다.

그 무엇도 예수님처럼 우리의 마음을 만족시키지 못한다. 예수님은 "내가 곧 생명의 떡이니"요 6:35라고 말씀하셨다. 왜 자신을 생명의 떡에 빗대셨는가? 떡은 양식으로 여기는 중요한 먹을거리였다. 예수님은 오직 자신만이 우리에게 생명을 주고 우리의 마음을 채우고 만족시킬 수 있음을 깨닫기 원하신다. 세상은 절대 우리를 만족시키지 못한다. 우리는 예수님과 교제하도록 창조되었고, 그분만이 우리에게 생명을 주신다.

예수님이 당신에게 완전한 만족을 주시는가? 아니면 다른 데서 정체성과 목적을 찾고 있는가? 오직 그리스도만이 우리에게 진정한 생명과 정체성과 의미를 주신다. 우리가 신뢰하는 다른 어떤 것도 우리에게 진정한 만족을 줄 수 없다. 그것들은 오직 우리의 교만을 키울 뿐이다.

진정한 정체성이 있는가?

예수님이 유대에서 갈릴리로 가실 때 사마리아를 지나셨다. 사마리아에 있는 수가성에 이르신 예수님은 피곤하고 목마른 참에 야곱의 우물에서 잠시 걸음을 멈추셨다.

수가성 사람들은 '야곱의 우물'을 자랑스러워했다. 자신들의 조상 야곱이 판 우물이었기 때문이다. 사마리아인들은 북이스라엘의 흩어진 지파의 남은 자들로서 이방인들과 혼합 문화를 형성했다. 이들은 하나님의 길에서 멀리 떠났으면서도 여전히 자신들이 야곱의 후손임을 자랑스러워했다. 사마리아 사람들에게 야곱의 우물은 민족적인 상징이었다.

수가성 사람들도 이 우물을 중심으로 집단적인 정체성을 형성하고 있었다. 사람들이 정체성을 이끌어내는 방법은 놀랍다. 특정한 음식이나 명승고적으로 유명한 지역의 사람들은 거기에 대단한 자부심을 갖는다. 그 지역 사람들은 그것으로 동일한 정체성을 공유한다. 의식적이든 무의식적이든 간에 우리는 많은 것들을 우리의 정체성과 연관 지어 생각한다. 하나하나 따져보면 별 문제가 없어 보여도, 결국 그것은 서로 맞지 않는 조각들을 이어붙인 '짜깁기 정체성'patchwork identity이라는 큰 그림을 만들어낸다.

짜깁기 정체성은 흔히 우리가 자랑스러워하는 인간적 성취와 야망으로 구성된다. 우리는 이 작은 조각에 매달려서 "이게 바로 나야!"라고 말한다. 이렇듯 학벌이나 인맥이나 집안 배경이나 특정 사교모임처럼 우리가 자랑하는 그 많은 성취 뒤에는, 낡은 천 조각을 이어붙인 퀼트처럼 '스스로 세운' 누더기 정체성이 자리 잡고 있을지도 모른다. 우리는 고작 이것들을 전부 꿰매어 외적인 자기 정체성을 형성하려고 한다.

그러나 짜깁기 정체성은 결코 진정한 내적 정체성을 대신하지 못한다. 사람들은 생존을 위한 몸부림으로 짜기운 거짓 정체성을 자랑스럽게 내세우기도 한다. 그러나 우리 스스로 만들어낸 짜깁기 정체성은 진정한 영적 딜레마를 은폐하기 때문에 문제를 악화시킨다. 우리가 돈, 출세, 명예, 자신만의 꿈에 매달린다고 해서 하나님이 원하시는 사람이 되는 것은 아니다. 참된 정체성과 목적은 예수님과의 관계에서 비롯된 진정한 영적 유업에서만 나올 수 있다.

인간적 성취와 야망은 사람들이 '자주 와서' 마시는 우물과 같다. 이렇게 인간은 진정한 만족을 주지 못하는 것들로 자신을 채우려고 한다. 그러나 하나님께서는 우리가 예수님과 관계를 맺도록 이미 계획하셨으며, 우리의 마음은 오직 그분 안에서만 쉼을 누릴 수 있다.

짜깁기 정체성은 자신이 이미 이룬 다양한 성취나 자신이 언젠가 이루고 싶은 미래의 성취로 구성되는데, 어쨌든 이것은 모두 인간적인 희망의 샘에서 솟는 물이다. 이들은 자신이 내적 만족을 얻을 것이라 믿는 과거, 현재, 미래의 일시적 성취에 희망을 두고 이렇게 말한다.

"내가 이 꿈을 이루기만 하면 진정한 만족을 얻을 텐데…."

그러나 예수님은 이런 인본주의적인 비전이 거짓이며, 절대로 당신을 만족시키지 못한다고 말씀하신다.

> 만물의 피곤함을 사람이 말로 다 할 수 없나니 눈은 보아도 족함이 없고 귀는 들어도 차지 아니하는도다 전 1:8

예수님은 무엇에 목마르신가?

예수님은 야곱의 우물에서, 마침 물을 길러 나온 사마리아 여인을 만나셨다. 예수님은 그 여인에게 물을 좀 달라고 하셨다. 예수님이 무엇에 목마르신지 아는가? 우리가 무엇을 드리면 예수님의 목마름이 해소되겠는가?

답은 아주 간단하다. 예수님은 "나의 양식은 나를 보내신 이의 뜻을 행하며 그의 일을 온전히 이루는 이것이니라"요 4:34라고 말씀하셨다. 예수님은 '하나님의 추수할 곡식'에 주리고 목마르시다. 하나님의 추수할 곡식은 다름 아닌 당신과 나다. 예수님은 우리가 하나님의 자녀가 되기를 바라신다. 예수님은 하나님께서 신령과 진정으로 예배하는 자들을 찾으신다고 말씀하셨다.

예수님은 사마리아 여인에게 물을 달라는 말로 대화를 시작하셨다. 상황적으로 볼 때, 예수님은 그 물을 마시지 않으신 것 같다. 대화가 곧바로 영적인 부분으로 옮겨갔기 때문이다. 그날 마을에서 돌아온 제자들이 음식을 드시라고 했을 때, 예수님은 "내게는 너희가 알지 못하는 먹을 양식이 있느니라"요 4:32라고 말씀하셨다. 예수님은 더 이상 주리거나 목마르지 않으시고 만족해 하셨다. 잃어버린 한 영혼을 되찾으신 것으로 그분의 목마름이 완전히 해소되었기 때문이다. 예수님의 양식은 아버지의 뜻을 이루시는 것이었다.

당신은 예수님이 주리고 목마르시는 것에 주리고 목마를 수 있는가? 그분의 마음을 움직이는 것에 동일한 관심을 가질 수 있겠는가? 우리는 "주님, 주님을 닮게 하소서! 주님의 마음을 감동시키는 것들로 내 마음을 감동시켜주소서!"라고 기도해야 한다.

예수님은 제자들에게 추수에 관해서도 말씀하셨다. 추수기는 상급과 수확과 성취의 계절이다. 그러나 예수님은 추수기가 미래의 일이 아니라 지금 주위에서 일어나는 일이라고 말씀하셨다. 우리가 진정한 정체성을 깨닫고 하나님이 계획하신 목적을 따라 살 때 진정한 성취가 이루어진다. 우리가 영적인 눈을 뜨면 이 사실을 분명히 알 수 있다. 이 세상의 일시적인 보상은 절대로 만족을 주지 못한다.

> 너희가 넉 달이 지나야 추수할 때가 이르겠다 하지 아니하느냐 내가 너희에게 이르노니 눈을 들어 밭을 보라 희어져 추수하게 되었도다 요 4:35

예수 그리스도의 생수를 갈망하라

대개 여인들이 이른 아침에 신선한 물을 길러 나오는 것과 달리, 이 여인이 뜨거운 정오에 물을 길러 나온 것을 보면, 이 여인은 동네 여인들 사이에서 환영받지 못했음을 추측해볼 수 있다. 그도 그럴 것이 이 여인은 다섯 번이나 결혼했으며, 지금 함께 사는 남자도 남편이 아니었다.

그러나 여인은 우물가에서 만난 예수님에게 자신 있게 말했다.

"이것은 우리 조상 야곱의 우물이에요. 우리는 대대로 이 우물을 마셨어요. 설마 당신이 우리에게 이 우물을 준 우리 조상 야곱보다 더 위대하다고 말하는 것은 아니겠지요?"

여인은 지금 자신이 수가성 주민으로서 야곱의 우물을 물려받았다는 사실을 자랑스러워한다. 여인은 자신의 사회적 신분은 그리 자랑스럽지 못하지만, 자랑스러운 민족적, 종교적 유업을 물려받은 공동체의 일원이라는 사실에 큰 자부심을 가졌다. 그 우물은 그 여인의 우물이었고 그 동네는 그 여인의 동네였다. 그 우물이 여인이 간신히 붙잡고 있는 무너져가는 짜깁기 정체성 중 남은 몇 조각 가운데 하나인 셈이다.

그러나 예수님은 여인의 자랑이 헛되다고 지적하시면서 "이 물을 먹는 자마다 다시 목마르려니와"요 4:13라고 말씀하셨다. '이 물'은 우리가 만족을 얻으려고 눈을 돌리는 모든 대상을 가리킨다. 예수님과 상관없이 희망을 거는 모든 대상을 의미한다. 예수님은 우리가 매달리는 잘못된 안전 고리를 지적하신다. 우리에게 진정한 만족을 주시는 유일한 분이신 예수님이 그 실제적인 방법을 제시하신다.

> 내가 주는 물을 먹는 자는 영원히 목마르지 아니하리니 나의 주는 물은 그 속에서 영생하도록 솟아나는 샘물이 되리라 요 4:14

예수님은 거듭남을 통해 받는 '신의 성품'divine nature, 예수 그리스도를 진정으로 믿을 때 받는 '영생'을 말씀하고 계신다. 우리가 예수님이 주시는 물을 마실 때, 그분의 생명이 우리를 채우고 우리를 만족시킨다. 예수 그리스도를 영접하면, 그분이 우리 속에 거하신다. 성령으로 거듭날 때, 그분의 새로운 본성이 우리 안에 거하며, 생수의 저장고인 우리에게서 흘러넘치기 시작한다.

이때 사마리아 여인이 매우 지혜로운 말을 했다.

이 우물은 여인이 간신히 붙잡고 있는, 무너져가는 짜깁기 정체성 중 남은 몇 조각 가운데 하나이다. 그러나 예수님은 이 물을 먹는 자마다 다시 목마르리라고 말씀하셨다.
 '이 물'은 예수님과 상관없이 우리가 만족을 얻으려고 눈을 돌리는 모든 대상을 가리킨다.

> 주여 이런 물을 내게 주사 목마르지도 않고 또 여기 물 길러 오지도 않게 하옵소서 요 4:15

우리도 예수님 앞에 나아와 이렇게 말해야 한다.

"주님, 그런 물을 내게도 주옵소서! 오직 주님만이 나를 만족케 하십니다."

주께 나와 그분이 주시는 생수를 갈망하라. 우리가 예수님이 주시는 생수를 마실 때, 그분의 생명이 우리 안에 들어와 영생하도록 솟아나는 샘물이 될 것이다.

지금 예수님에 주리고 목마른가?

예수님은 마음이 상한 자와 힘없는 자와 무거운 짐을 진 자에게 자신을 나타내신다.

우리는 영적 가난과 슬픔과 애통 그 자체를 복으로 여기지 않는다. 이런 것들은 그리스도 없이 그 자체로는 고유한 가치가 없다. 그러나 그리스도 안에서 우리의 영적 가난은 복되다. 왜냐하면 우리의 마음을 은혜 받을 만한 상태로 준비시켜주기 때문이다. 사마리아 여인은 영적으로 가난하고 목이 말랐다. 이 여인은 예수님을 만나 하나님의 은혜를 체험했고 영적 목마름을 해소했다.

어떤 사람들은 "저 사람은 영적으로 매우 목말라 하는 사람이야!"라고 말하면서, '영적 목마름'을 일종의 종교적인 행위로 생각하는 실수를 범한다. 그러나 우리 속에 영적 갈급함이 있다는 것은, 우리가 예수님께 나아가 그분만이 주시는 생수를 마셔야 한다는 뜻이다. 영적 굶주림과 목마름은 그리스도께서 주시는 생수를 마시도록 우리를 이끈다.

그리스도께서는 주님의 의義에 주리고 목마른 자는 누구든지 배부르리라고 약속하신다. 우리가 예수님에게 주릴 때, 우리 속에 그분의 의가 생겨나고 예수님은 그분의 법을 우리 마음에 새기신다. 그리스도께서 우리 속에 자신의 의를 향한 사랑을 심으신다.

작렬하는 태양 아래 걸어서 모하비사막을 건너는 사람이 있다고 생각해보라. 그가 오아시스를 발견했다. 마침 탁자에 차가운 얼음물이 가득 담긴 큰 잔도 있다. 그가 물 잔이 놓인 탁자로 힘겹게 걸음을 옮긴다. 그가 외친다.

"아, 목말라!"

탁자에 다다른 그가 물을 마시지 않고 물 잔을 바라본다. 그리고 계속해서 목이 마르다고 외친다. 그러면 당신은 그 사람에게 뭐라고 말하겠는가? 참을성이 대단하다고 칭찬하겠는가? 물론 아니다. 당신은 이렇게 말할 것이다.

"아니, 목이 마르다면서 왜 그렇게 서 있는 거예요? 그러지 말고 얼른 물을 마셔요!"

WORSHIP ENCOUNTER

CHAPTER 8

깨지고 상한 모습 그대로
자비하신 아버지께 돌아오라

그리스도인이 되기 전에 죄를 많이 지은 친구가 있다. 그 친구는 그리스도인이 되고 나서도 과거에 저지른 죄에 대한 죄책감으로 괴로워했다. 그는 계속해서 하나님께 용서를 구했으나, 과거의 기억까지 지우지는 못했다.

그러던 어느 날, 그는 이상한 꿈을 꾸었다. 꿈속에서 수많은 관중 앞에 의기양양하게 서 있는 자신의 모습이 보였다. 매우 행복한 표정을 한 그는 한손으로 액자를 들고, 다른 한손으로는 액자 속의 사진을 가리켰다. 그러면서 마치 그 액자가 트로피라도 되는 것처럼 자랑스러워했다.

액자 속 사진이 궁금해져서 자세히 보다가 그는 깜짝 놀랐다. 사진 속 주인공이 바로 자기 자신이었기 때문이다. 그것도 수치스럽고 숨기고 싶은 자신의 과거 모습이었다.

'이게 도대체 뭐지? 왜 내 부끄러운 과거 사진을 보면서 저렇게 기뻐하는 거지?'

충격에 휩싸인 채 그가 자신에게 물었다.

곧이어 액자를 들고 있는 자신이 사진을 가리키며 당당하게 말하는 소리가 들려왔다.

"이 모습은 과거에 얽매였던 제 모습입니다. 하지만 예수님이 이제 저를 자유케 하셨습니다!"

죄의 종이냐? 상속자냐?

우리는 예수 그리스도 안에서 참 자유를 얻었다. 예수님이 자유하게 하시면 누구든지 참 자유를 누리게 된다. 그리스도 안에 있는 하나님의 은혜가 죄의 사슬을 끊었다. 이제 우리는 자유이다. 무엇을 위한 자유인가? 그리스도가 선사한 자유의 선물로 무엇을 할 것인가? 진정한 자유는 자기 하고 싶은 대로 하는 게 아니다. 그리스도의 제자는 하나님나라의 질서를 따르면서 그리스도 안에서 진정한 자유를 경험한다.

누구나 무엇인가의 종이 될 수 있다. 예수님은 죄를 짓는 자는 누구든지 죄의 종이라고 말씀하셨다(요 8:34). 사람은 자기 마음에 가득한 욕망의 종이 될 수 있다. 예수님과 하나님나라의 종이 되면 죄의 권세에서 자유케 되는 이유가 여기 있다. 따라서 진정한 자유를 체험하는 유일한 길은 제자의 삶을 사는 것이다.

신자는 하나님의 자녀라는 새로운 자기 정체성을 갖게 된다. 그것을 완전히 깨닫게 되면 삶이 바뀐다. 더욱이 예수님 안에 우리의 영적 유업이 있다는 것을 알면, 우리의 초점과 진로가 영원히 바뀐다. 예수님 덕분에 우리는 하나님의 상속자가 되었다. 하나님께서 우리를 자녀로 입양하신 것이다.

> 때가 차매 하나님이 그 아들을 보내사 여자에게서 나게 하시고 율법 아래 나게 하신 것은 율법 아래 있는 자들을 속량하시고 우리로 아들의 명분을 얻게 하려 하심이라 갈 4:4,5

자유함을 얻은 우리는 더 이상 죄의 종이 아니다. 이제 우리는 하나님의 자녀이며, 따라서 우리가 하늘에 계신 아버지께 깊고 친밀한 간구를 하는 것은 자연스러운 일이다. 우리가 하나님과의 영적 친밀함을 갈망한다는 사실은 우리가 그분의 것이라는 증거이다.

> 너희가 아들인 고로 하나님이 그 아들의 영을 우리 마음 가운데 보내사 아바 아버지라 부르게 하셨느니라 그러므로 네가 이 후로는 종이 아니요 아들이니 아들이면 하나님으로 말미암아 유업을 이을 자니라 갈 4:6,7

하나님의 자녀로 입양된 영광

그리스도를 믿는 우리는 성령으로 거듭났다. 예수님은 "성령으로 난 것은 영靈이니"요 3:6라고 말씀하셨다. 영은 영을 낳는다. 이 말은 이제 우리가 하나님의 영적 자녀가 되었다는 뜻이다.

'입양'adoption은 일반적으로 다른 부모에게서 태어난 사람을 한 가정에 들이는 것을 말한다. 입양은 실제적으로 부권父權에 대한 법적, 공식적 인정을 포함하는 것이다. 하나님께서도 우리가 하나님의 사랑하는 자녀라는 사실을 공식적으로 인정하셨다. 새로운 출생을 통한 영적 거듭남은 우리의 본성과 관련이 있지만, 입양은 우리의 법적 신분과 관련있다.

우리는 거듭남을 통해서 하나님의 새로운 피조물이 되었고, 입양을 통해 하나님의 자녀로 선포되었다. 하나님은 우리가 그분의 자녀라고 선언하는 것을 부끄러워하지 않으신다. 하지만 사생아의 아버지는 자신이 친부親父임을 인정하려고 하지 않는 경우가 많다. 모세 율법은 이렇게 선언한다.

> 사생자는 여호와의 총회에 들어오지 못하리니 십 대까지라도 여호와의 총회에 들어오지 못하리라 신 23:2

하나님께서 이 계명을 통해 말씀하시려는 영적 원칙이 무엇인가? 하나님나라에서는 영적 적법성適法性이 중요하며, 따라서 하나님 아버지께서 영적 부권을 인정하시지 않는 사람은 천국에 들어가지 못한다는 것이다.

성경은 우리가 법적으로 어떻게 하나님의 자녀로 입양되었는지 설명한다. 우리는 하나님이 우리를 법적으로 입양하신 것이 얼마나 놀라운 일인지 깨달아야 한다. 이 얼마나 놀라운 은혜인가. 하나님은 우리가 하나님의 자녀임을 공식적으로, 법적으로, 영원히 인정하신다. 우리는 하늘에 계신 아버지의 자녀라는 새로운 신분을 얻었다.

> 무릇 하나님의 영으로 인도함을 받는 그들은 곧 하나님의 아들이라 너희는 다시 무서워하는 종의 영을 받지 아니하였고 양자의 영을 받았으므로 아바 아버지라 부르짖느니라 성령이 친히 우리 영으로 더불어 우리가 하나님의 자녀인 것을 증거하시나니 롬 8:14-16

하나님의 상속자의 영적 유업과 상급

우리는 이제 하나님의 상속자(후사)이며, 예수 그리스도와 공동 상속자가 되었다. 우리에게는 영적 유업이 있다.

> 자녀이면 또한 후사 곧 하나님의 후사요 그리스도와 함께한 후사니 우리가 그와 함께 영광을 받기 위하여 고난도 함께 받아야 될 것이니라 롬 8:17

하나님의 상속자인 우리는 그분의 진노로부터 구원받았으며 우리의 죄를 사함 받았다. 우리를 위해 천국의 처소가 예비되어 있다. 우리는 간신히 천국에 들어가는 게 아니다. 하나님은 우리를 위해 영광스러운 유업을 준비해두셨다.

하나님은 영원하고 끝이 없으며 완전하시다. 우리는 하나님의 사랑받는 자녀로서, 영원히 하나님과 살 것이다. 우리는 그 하나님과 영원히 친밀한 교제를 나누며 사는, 무엇과도 비교할 수 없는 특권을 가졌다. 그 무엇도 하나님과의 관계를 대신하지 못한다. 하나님은 우리의 더없이 큰 상급이자 진정한 상급이시다.

> 나는 너의 방패요 너의 지극히 큰 상급이니라 창 15:1

하나님이 누구신지 더 깊이 깨달을 때, 우리의 상급이 얼마나 엄청난 것인지 어렴풋이 보이기 시작할 것이다.

종보다 못한 자유자

예수님은 '탕자의 비유'를 통해 자격 없는 아들을 회복시키는 '아름다운 아버지의 이야기'를 들려주셨다.

탕자는 집을 나가기 전에 이렇게 생각했다.

'난 그저 내 몫의 유산을 원할 뿐이야. 난 나가서 내 인생을 살 거야! 내가 하고 싶은 일을 할 거야! 그러면 얼마나 행복할까!'

많은 사람들이 이렇게 말하면서 하나님을 멀리하고 살아간다. 이들은 "하나님 없이도 나는 행복할 수 있어!"라고 말하지만, 틀렸다. 또 어떤 사람들은 하나님이 자신에게 뭔가 빚진 듯이, 마치 탕자처럼 하나님께 자신의 권리를 주장한다.

"하나님! 왜 저를 도와주시지 않습니까? 제가 하고 싶은 일을 하도록 도와주세요."

이 비유에서 놀라운 사실은 자기 몫의 재산을 달라는 아들에게 아버지가 재산을 나누어주었다는 것이다. 아버지는 아들이 자신을 떠나려 하기 때문에 슬펐다. 아버지는 무거운 마음으로 재산을 나누어주었을 것이다.

아버지 집을 떠난 아들은 허랑방탕한 생활로 유산을 탕진하고 빈털터리가 되었다. 어느 날 돼지우리에서 눈을 뜬 그는 정신이 번쩍 들었다. 그는 돼지 치는 일을 했지만 얼마나 굶주렸는지 돼지의 먹이로나마 배를 채우고자 했으나 그마저 주는 이가 없었다. 이쯤 되면 탕자가 얼마나 비참한 지경에 떨어졌는지 상상할 수 있을 것이다. 그는 이제 끝이라고 생각했다. 그는 '인간적인 자유'가 정말 지긋지긋해졌다. 그때 문득 이런 생각이 들었다.

'내 아버지 집의 종들도 나보다는 나을 거야. 이건 자유가 아니야. 지옥이라고! 나를 행복하게 해줄 거라고 생각했던 '이런 자유'보다는 내 아버지 집에서 종으로 사는 게 훨씬 낫겠어!'

예수님이 참 자유에 관해 우리에게 무엇을 가르치시는지 보이는가? 세상의 자유는 필연적으로 우리를 돼지우리로 이끈다. 세상은 자유를 약속하지만, 그것은 자유가 아니다.

절망적인 사람은 필사적이다

탕자는 무너져 내렸고 절망적인 상황에 처했다. 그는 자신이 회복 불가능한 비참한 상태라고 생각했다. 이제 과거를 청산하고 살아갈 방도를 찾아야 했다.

생존에 필사적인 사람은 누군가에게 인정받으려고 하지 않는다. 그저 살려고 할 뿐이다. 누구든지 자신의 영적 상태를 제대로 알려면 먼저 영적인 눈을 떠야 한다. 자신이 처한 상황을 직시해야 한다. 영적으로 죽지 않기 위해 필사적이어야 한다. 따라서 우리의 영적 절망은 은혜를 입을 수 있는 전제 조건이 된다.

탕자는 더 이상 어떻게 해볼 도리가 없었다. 숨을 데도 없었고, 자기 말고 탓할 사람도 없었다. 그는 자신이 얼마나 아버지께 잘못했는지 깨달았다. 모든 게 자신의 잘못임을 깨달았고 그것을 인정할 수밖에 없었다. 그러나 절망적인 사람은 필사적이다. 그래서 그는 아버지께 돌아갔다.

탕자는 자신이 다시 아버지의 아들이 되겠다는 희망을 버렸다. 꿈도 꾸지 않았다. 그 당시 문화에서, 이런 아들은 완전히 의절당했을 것이다. 그가 여전히 아버지의 생물학적 자식일지언정 탕자는 아버지를 너무나 욕되게 했기 때문에, 더 이상 아버지의 아들이라 불릴 자격이 없었다.

대신에 현실적으로 가능한 선택이 무엇일지 생각했다. 절망적인 상황에 놓이자, 자신의 상황을 객관적으로 보았다. 탕자는 부끄러운 이 모습 그대로 집으로 돌아가 아버지의 자비를 구하고 자신을 평범한 품꾼으로 써달라고 부탁하는 게 낫겠다는 결론을 내렸다. 그가 품꾼으로 아무리 열심히 일한다 해도 아들의 자리를 회복하지는 못할 것이다. 설령 좋은 품꾼이 되더라도 사람들은 그를 여전히 탕자로 기억할 것이다. 그런데도 그는 아버지께로 돌아갔다.

그는 아버지에게 가기 전에, 부끄러운 마음을 안고 이런 말을 연습하고 또 연습했을 것이다.

"저를 안다고 하실 필요도 없습니다. 그저 자비를 베푸시어 저를 품꾼으로 써주십시오. 부디 제게 일자리를 주십시오."

아버지의 종이라는 신분 받아들이기

당신은 하나님께 이렇게 나아갈 수 있는가? 거룩하신 하나님 앞에 설 자격이 없다는 것을 알면서도 나아갈 수 있는가? 탕자는 자신이 아들 자격이 없는 것을 알면서도 깨지고 비참한 모습 그대로 아버지께 돌아왔다.

우리도 이것을 깨달아야 한다. 우리는 하나님의 자녀가 될 특권을 가지고 있지 않다. 우리는 하나님의 영적인 자녀가 될 권리와 축복이 있다고 요구할 수 없다. 이것을 당연한 권리로 요구할 수 없다.

그러나 자격이 없더라도 반드시 나와야 한다. 주뼛주뼛 머뭇거리다가도 반드시 나와야 한다. 탕자는 깨지고 비참한 모습이었기에 종의 신분도 기꺼이 받아들이려고 했다. 지금 자신의 모습이 초라하고 상해 있는가? 그렇더라도 두렵지만 희망을 안고 아버지 집을 향해 가는 긴 여정을 시작해야 한다.

제자가 되려면 먼저 하나님의 종이라는 신분을 기꺼이 받아들여야 한다. 우리는 제자로서 이런 저런 권리를 하나님께 요구할 수 없다. 먼저 복종하는 종으로서 그분께 어떻게 나아가야 하는지를 배워야 한다. 자신을 낮추고 하나님의 종이 되는 과정을 거쳐야 한다. 종의 신분은 하나님의 섭리 안에서 우리를 적절한 위치에 놓이게 한다.

탕자도 가장 낮은 처지에 있을 때 이것을 깨달았다.

"이렇게 살아서는 안 돼! 내 삶에 새로운 질서가 필요해!"

아버지의 품 안에서 삶이 바뀌는 역사

탕자가 집에 돌아가기로 결심했을 때까지만 해도 그는 자신에게 어떤 일이 일어날지 전혀 몰랐다. 그가 세운 새로운 삶의 목표는 유복한 집의 품꾼이 되는 것이었다. 그에게는 은혜의 개념이 없었다. 그는 자신이 더럽고 수치스러운 모습인데도 아버지가 자신을 안아주시리라고는 상상하지 못했다.

그러나 아버지는 탕자가 집에 도착하기 전에 이미 그를 기다리고 있었다. 탕자는 그때까지도 아버지를 제대로 알지 못했다. 만약 알았다면, 아버지가 자비롭고 사랑과 온정이 넘치는 분임을 모를 리가 없다. 아들이 돌아오기만 하면 아버지가 아들의 위치를 회복시키려 한다는 사실도 알았을 것이다. 아버지는 아들의 실패보다는 아들과의 관계에 관심이 더 많았다.

아들이 아직 멀리 있는데도 아버지는 달려가 아들을 뜨겁게 끌어안고 입을 맞추었다. 아들이 준비한 말을 다 마치기도 전에 아버지는 종들에게 말했다.

> 제일 좋은 옷을 내어다가 입히고 손에 가락지를 끼우고 발에 신을 신기라 그리고 살진 송아지를 끌어다가 잡으라 우리가 먹고 즐기자 이 내 아들은 죽었다가 다시 살아났으며 내가 잃었다가 다시 얻었노라 눅 15:22-24

우리는 아들이 집에 '어떻게' 돌아왔는지를 이해해야 한다. 그가 두려워서 집에 돌아오지 않기로 했다면, 그는 아버지의 진심을 결코 알지

아들이 아직 멀리 있는데도 아버지는 달려가 아들을 뜨겁게 끌어안고 입을 맞추었다.
아버지의 품에 안기는 순간, 탕자의 삶은 바뀌었다.
탕자는 변화와 치유를 일으키는 은혜의 능력을 체험했고 아버지가 어떤 분이신지 깨달았다.

못했을 것이다. 또한 "나는 아버지의 아들이니 아버지는 나를 받아주셔야 합니다"라고 자기 권리를 주장했다면, 그 또한 문제였을 것이다.

하지만 그는 깨지고 뉘우치며 돌아왔다. 자신의 죄를 완전히 인정하고 돌아왔다. 여기서 중요한 부분은 단지 그가 돌아왔다는 사실이 아니라 그가 어떻게 돌아왔느냐는 것이다. 아버지는 단순히 아들이 성한 몸으로 돌아오기만을 바란 게 아니라 바른 영적 태도로 돌아오길 고대했다. 겸손은 우리를 회복의 자리로 이끈다.

하늘에 계신 아버지는 두 팔로 우리를 안으시고 우리의 마음을 회복시키는 데서 그치지 않으신다. 하나님께서는 자신의 권위의 겉옷을 우리에게 벗어주시고, 하나님의 의義를 입히신다. 또한 신분과 권위를 상징하는 자신의 반지를 빼어 손가락에 끼워주신다. 겸손히 하나님께 나아갈 때 우리는 하나님의 자녀라는 진정한 신분을 회복한다.

아버지의 품에 안기는 순간, 탕자의 삶이 바뀌었다. 탕자는 변화와 치유를 일으키는 은혜의 능력을 체험했다. 그 순간, 아들은 아버지가 어떤 분이신지 깨달았다. 탕자는 분명히 이렇게 생각했을 것이다.

'너무 과분해! 난 이런 대접을 받을 자격이 없어! 이제 세상 모든 보화를 준다 해도 나는 만족할 수 없어. 나는 아버지와 친밀하기 위해 태어났으니까.'

우리는 오직 아버지 품 안에서만 자신이 누구인지 발견한다. 아버지의 사랑을 깨닫지 못하면, 자신을 제대로 알 수 없다.

하나님과의 안전거리를 깨달았다면!

당신도 탕자처럼 하나님을 거역하고 실망시킨 적이 있을 것이다. 그렇다면 당신은 아버지의 집으로 돌아가는가? 아니면 아담과 하와처럼 하나님의 눈을 피하는가? 하나님에 대한 건강하지 못한 두려움이 있을 때, 우리는 하나님의 낯을 피해 숨으려 한다. 반대로 하나님에 대한 건강한 두려움이 있다면 우리는 하나님께 나아간다.

탕자는 일자리를 얻기 위해 아버지의 집으로 돌아가면서도, 아버지를 피해 품꾼을 관리하는 감독부터 찾아가지 않고 곧바로 아버지를 찾아갔다. 우리도 아버지께 가지 않으면 치료하시는 아버지의 품에 안길 기회를 놓친다는 것을 기억해야 한다.

거룩하신 하나님의 임재 안에서 우리의 가치 없음을 깨닫고 인정하는 것과 그 때문에 그분을 피해 우리의 얼굴을 숨기는 것은 별개 문제이다. 우리는 각자 자신의 가치 없음을 인정해야 한다. 그렇지 않으면 사람은 스스로 속이게 되어 자신에게 생명의 가치가 있다는 잘못된 믿음을 갖게 된다. 우리는 완고한 마음을 하나님 앞에 완전히 내려놓아야 한다.

많은 사람들이 자신의 가치 없음을 깨닫지만 아버지께 나오지는 않는다. 이들은 실패가 부끄러워 하나님과 멀리 떨어져 지내는 쪽을 선택한다. 하지만 자신이 아무 가치도 없다고 인정하기만 하고 아버지께 나오지 않는다면, 계속 수치스럽게 사는 삶을 선택하는 것이다. 하나님을 예배한다고 할지 모르지만, 그것은 '멀찍이 떨어져서 드리는 예배'에 불과하다.

주일마다 예배당은 하나님과 안전거리를 두고 예배하는 사람들로 넘친다. 이들은 아버지와의 친밀함에 관한 이야기는 듣고 싶어 하지 않는다. 이들은 자신이 죄인이며 자격이 없음을 깨닫기만 할 뿐 거룩한 하나님께 나아가 안전거리를 좁히려고 하지 않는다.

탕자는 깨지고 상한 모습 그대로 아버지께 돌아와 "아버지, 제가 하늘과 아버지께 죄를 지었습니다"라고 고백하는 필사의 용기가 있었다. 그는 자신의 실패를 부끄러워했지만 숨지 않고 빛 가운데로 나왔다.

아빠, 내가 안 보이지?

아담과 하와는 죄를 짓자 하나님을 피해 숨었다. 이들은 하나님이 자신들을 보지 않으며 자신들이 숨더라도 하나님이 찾지 않으실 거라고 생각했다. 우리는 하나님이 우리를 보지 않으신다고 자신을 설득한다. 하나님은 우리에게 관심이 없으며 늘 지켜보고 계시지도 않는다고 손쉽게 믿어버린다.

딸 에스더가 아주 어렸을 때, 우리는 재미있는 놀이를 하곤 했다. 에스더는 두 눈을 가린 채 가만히 서 있었다. 나는 에스더가 안 보이는 채하면서 큰 소리로 말했다.

"에스더, 어디 있니? 아빠가 찾을 수가 없네."

에스더는 깔깔대며 웃었다.

"에스더, 들리니? 웃는 소리는 들리는데 보이지 않는구나."

"아빠가 나를 볼 수 없으니까 그래!"

에스더는 여전히 두 눈을 가린 채 대답했다.

잠시 후, 에스더가 자기 눈을 가린 손을 치우고 "놀랐지!" 하고 소리쳤다. 우리는 같이 웃었다. 에스더는 자기가 눈을 가렸기 때문에 나도 자신을 보지 못할 거라고 생각했다.

어린아이도 아니면서 하나님을 상대로 이런 비슷한 놀이를 하는 사람들이 있다. 그들은 두 눈을 가린 채 말한다.

"내가 그 일을 생각하지 않으면 하나님도 모르실 거야."

우리는 눈을 가린 채 가만히 서 있는 아이처럼, 잘못된 것을 모두 부정하기 쉽다. 그러나 하나님은 "내가 너를 보고 있다! 부인하는 삶은 이제 그만둬라!"라고 하시면서 우리의 관심을 하나님께 돌리기 원하신다. 우리가 자신의 영적 상태를 부인한다고 해서 하나님이 보시지 않는 것이 아니다. 우리는 가리개를 벗어던지고 아버지의 빛 가운데로 나와야 한다.

> 악을 행하는 자마다 빛을 미워하여 빛으로 오지 아니하나니 이는 그 행위가 드러날까 함이요 진리를 좇는 자는 빛으로 오나니 이는 그 행위가 하나님 안에서 행한 것임을 나타내려 함이라 요 3:20,21

방탕한 자녀인 우리는 빛으로 나와야 한다. 빛으로 나오는 데는 두 가지 중요한 단계가 있다.

첫째, 먼저 자신의 처지를 정확히 인식해야 한다. 자신이 실제로 어떤 상황에 있는지 알아야 한다. 자신에게 솔직해야 한다. 그럼 자신의 처지를 깨달은 후에는 어떻게 하는가? 도망치고 숨는가? 자신의 단점을 최대한 덮으려고 하는가? 하나님과 사람들 앞에서 자신을 정당화하려고 하는가?

둘째, 우리는 있는 모습 그대로, 변명하지 않고 빛 가운데로 나아가야 한다.

그 모습 그대로 주께 나아오라

탕자의 모습을 보라.

"아버지, 제가 왔습니다. 변명하지 않겠습니다. 모두 제 잘못이고 제 책임입니다. 그러나 절망에 빠져 어찌할 바를 몰라 아버지께 돌아왔습니다. 제가 예전의 자리로 돌아갈 자격이 없다는 것을 잘 압니다. 아버지는 저에게 어떤 은혜도 베푸실 의무가 없으십니다. 하지만 아버지께 작은 자비를 구합니다."

탕자는 그가 마땅히 돌아와야 할 사람에게 돌아왔다. 그는 아버지에게, 자신이 죄를 지은 그분에게 돌아왔다. 돌아온 탕자는 예상보다 훨씬 더 큰 은혜를 체험했다. 하나님은 언제나 우리가 상상하는 것보다 훨씬 더 자비롭고 은혜로우시다. 그러나 우리가 하나님께 나오기 전에는 그 자비와 은혜를 체험하지 못한다. 당신의 모든 허물과 실패를 그대로 가지고 빛으로 나오라. 하나님께 나오라!

하나님의 용서와 은혜의 빛 가운데로 나오려면 먼저 자신을 낮추는 법을 배워야 한다. 변명이나 자기 합리화를 버리고 나와야 한다. 오직 자비를 구하며 나와야 한다.

샬롯은 32세에 중병으로 지체장애인이 되어 매사 불평과 짜증만 늘어놓고 지내는 사람이었다. 그러던 어느 날 복음전도자 말란 박사의 방문을 받다. 샬롯은 "어떻게 하면 그리스도께 나올 수 있나요?"라고 물었다. 그는 "죄 있는 모습 그대로 예수께 나오십시오"라고 답했다. 그 모습 그대로 예수님께 나온 샬롯은 얼마 후 〈Just as I am〉이라는 찬송을 썼다. 다음은 1834년 샬롯 엘리엇C. Elliott이 작사한 것으로 유명한 찬송가 339장('큰 죄에 빠진 날 위해' 새 찬송가 282장, 모든 절은 Just as I am으로 시작한다 - 옮긴이) 1절이다.

큰 죄에 빠진 날 위해

주 보혈 흘려주시고

또 나를 오라 하시니

주께로 거저 갑니다

Just as I am, without one plea,

But that Thy blood was shed for me,

And that Thou bidd'st me come to Thee,

O Lamb of God, I come, I come.

WORSHIP ENCOUNTER

CHAPTER 9

예수 안에서 자신의 정체성을 깨닫고
그분 안에 거하라

미국 댈러스에 살 때, 빈민가 노숙자 사역지를 방문할 기회가 있었다. 하루는 노숙자 쉼터에서 지내는 청년 한 명을 만났다. 나중에 알게 된 사실이지만, 그는 우리 교회 성도의 친척이었고 청년의 아버지는 성공한 사업가이자 백만장자였으며 가족 모두 부촌에 살고 있었다.

"어째서 당신이 이곳에 있는 거죠?"

나는 부유한 가정에서 자란 그가 여기서 생활한다는 것이 의아해서 물었다.

"저는 심각한 마약 중독자였어요. 집에서 훔친 돈으로 마약을 사곤 했죠. 그러다가 큰돈을 훔쳤는데 그게 들통이 났어요."

이런 이유로 아버지가 그를 형사 고발했다는 것이다. 그는 징역형 대신 노숙자를 위한 사역단체에서 진행하는 엄격한 훈련 프로그램에 참가

한다는 데 마지못해 동의했다고 한다. 징역을 면했다고는 하나 그가 인생에 환멸을 느끼고 있다는 것은 누구나 알 수 있었다.

"내가 이 프로그램을 다 마치는 것이 무슨 소용이 있겠어요? 아버지는 이미 나와 의절했고, 절대 돌아오지 말라고 분명히 말씀하셨어요. 유산 상속도 받을 수 없어요. 이런 내가 이제 무얼 할 수 있겠어요? 내 잘못인 건 알지만, 그래도 이건 너무 가혹해요! 가족들은 나를 부끄러워하겠죠. 그들에게 난 당혹스러운 존재일 뿐이에요."

아내와 나는 그를 위해 기도하고 격려해주었다. 훗날, 같은 교회에 다니는 청년의 친척이 내게 감사를 표하며 이렇게 말했다.

"사실, 그 아이는 우리 가족에게 골칫덩이 문제아예요. 항상 그랬고 앞으로도 그럴 테죠. 그 아이를 '참아보려고' 최선을 다하고 있어요. 어쨌든 기도해주셔서 감사해요."

나는 그 청년과 가족 모두 안쓰러웠다. 청년은 중독에서 벗어나기 위해 사투를 벌였으나 아직까지 자신의 실수를 남 탓으로 돌리고 있었다. 그래도 나는 그가 '문제아'라는 꼬리표 때문에 하나님 아버지의 진정한 사랑을 발견하지 못하는 것이 아닌가 하는 생각이 들었다. 그는 물론 무조건적인 사랑을 받을 만한 자격이 없다. 하지만 은혜란 결코 은혜 받을 만한 자격이 있어서 받는 것이 아니다.

후하신 하나님의 은혜

복음은 하나님의 관용이 아니다. 복음은 아버지의 뜨거운 환영의 포옹이다. 예수님의 복음은 죄인들에게 아버지의 집으로 돌아와 측량할 수 없는 아버지의 사랑을 체험하라는 진심어린 초대이다. 돌아온 탕자의 신분은 아버지의 포옹으로 회복되었다. 하나님의 자녀가 집으로 돌아가면, 이렇듯 따뜻한 환영을 받을 뿐만 아니라 우리를 위해 준비된 유업을 받는다.

하나님은 자신의 풍성한 자비로, 예수님을 통해 우리를 낳으시고 우리를 위해 썩지 않고 더럽지 않고 쇠하지 아니하는 하늘의 유업을 잇게 하신다(벧전 1:4 ; 엡 1:11 ; 골 1:12 ; 히 11:8 참조). 우리는 하나님 아버지로부터 유업을 받는 놀라운 특권을 가졌다. 우리는 그리스도를 통해 하나님의 상속자가 되어, 그리스도와 함께 하나님의 유업을 받는 공동 상속자가 되었다.

하지만 탕자는 자신이 어떠한 은혜나 아버지의 유업도 받을 자격이 없다는 것을 알았다. 여기에 동의하는 사람이 한 명 더 있었다. 그는 탕자의 형이었다. 큰아들은 동생이 돌아온 게 못마땅했다. 그를 동생으로 인정하고 싶지도 않았다. 게다가 유산을 탕진한 동생을 위해 잔치까지 여는 아버지도 이해할 수 없었다.

"제가 언제 아버지를 거역한 적이 있나요? 아버지는 저를 위해 잔치를 열어준 적이 없잖아요! 그런데 유산을 탕진하고 돌아온 아들을 위해서 잔치를 열어주다니 말도 안 됩니다."

우리도 자신을 누군가와 비교할 때마다 깊은 시기심과 질투심에 빠질 위험이 있다. 당신은 하나님이 다른 사람에게 후한 사랑을 베푸시는 모습을 볼 때 기뻐하는가 아니면 질투를 느끼는가?

"왜 저 사람들은 나보다 더 복을 받는 건가요?"

하나님은 분명히 이렇게 대답하실 것이다.

"그게 너와 무슨 상관이냐? 나는 후한 하나님이다!"

우리는 은혜를 받을 만한 자격이 없다. 그렇기 때문에 은혜는 더욱 놀라운 것이다. 은혜는 그 무엇과도 비교할 수 없이 너그럽고, 형언할 수 없는 아버지의 선하심을 분명하고 확실하게 보여준다. 은혜는 하나님의 관대한 마음과 관계가 있다. 우리 하나님 아버지는 넘치도록 후하시다. 그분의 마음은 사랑으로 넘친다. 하나님은 그 사랑을 쏟아 부을 자들을 찾고 계신다.

예수님은 '나중에 온 일꾼들'에 관한 비유를 들려주셨다. 어느 포도원 주인이 이른 아침에 일꾼들을 고용했다. 일꾼들은 하루 품삯으로 한 데나리온을 받기로 하고 일했다. 그러나 해질 무렵까지 일을 다 마치지 못하자, 일할 시간이 한 시간밖에 남지 않았는데도 주인은 일꾼들을 더 고용했다. 이른 아침에 온 일꾼들은 하루 종일 일했지만 나중에 온 일꾼들은 한 시간밖에 일하지 않았다. 이에 하루 종일 일한 일꾼들은 자신들이 나중에 온 일꾼들보다 더 많은 품삯을 받게 되리라 기대했다. 그러나 주인은 모든 일꾼들에게 같은 품삯을 주었다. 그러자 하루 종일 일한 일꾼들이 주인을 원망했다.

"불공평합니다! 우리는 저 사람들보다 훨씬 많은 일을 했습니다!"

그러나 주인은 이렇게 대답했다.

"나는 너희에게 약속한 대로 품삯을 주었다. 내가 이 사람들에게 얼마를 주든지 그것이 너희와 무슨 상관이냐? 내가 품삯을 후하게 주기로서니 그게 너희와 무슨 상관이냐?"

내 것이 다 네 것이다!

하나님은 선하시기 때문에 자신의 자녀들에게 복 주기를 좋아하신다. 더욱이 하나님 자신이 우리의 상급이 되심을 깨닫기 원하신다. 우리는 아버지의 품에서 안전할 때 하나님이 전부라는 사실을 깨닫는다. 우리 아버지가 어떤 분이신지 진정으로 깨달을 때, 우리의 마음은 오직 그분의 집에서 영원히 사는 것만 바라게 된다. 아버지와 교제하는 것이 우리의 상급이다. 우리의 영적 유업은 물질이 아니라 언제나 하나님과 나누는 인격적인 관계이다.

불평하는 큰아들에게 아버지는 "너는 항상 나와 함께 있으니 내 것이 다 네 것"눅 15:31이라고 말했다. 영적 유업은 그것을 받고 나서 "감사합니다. 이것을 받으니 정말 행복합니다!"라고 말하는 어떤 물건이 아니다. 그 무엇도 하나님과 비교할 수 없다. 하나님과의 관계를 대신할 만한 것은 없다. 하나님은 우리의 진정한 상급이시다(창 15:1).

아버지의 뜨거운 포옹은 탕자의 삶을 바꿔놓았다. 아버지가 아들에게 줄 수 있는 모든 소유나 지위보다 훨씬 더 가치 있는 것, 외투나 반지나 잔치가 문제가 아니라 중요한 것은 바로 아버지와의 포옹이었다.

아버지 품에 안길 때, 당신은 전부를 가지게 된다. 아버지께서는 당신에게 그 무엇도 아끼지 않으실 것이다. 하나님은 모든 자녀들에게 똑같이 말씀하신다.

"내 것이 다 네 것이다."

당신이 큰아들처럼 잔치를 원한다고 해도 문제될 것은 없다. 그러나 아버지의 입장에서 보면 잔치는 그리 중요한 게 아니다. 가장 중요한 것은 언제나 당신을 향한 아버지의 사랑이기 때문이다.

공동 상속자의 조건

예수님은 아버지께로부터 약속받은 유업이 있으셨다.

> 내가 영을 전하노라 여호와께서 내게 이르시되 너는 내 아들이라 오늘 날 내가 너를 낳았도다 내게 구하라 내가 열방을 유업으로 주리니 네 소 유가 땅끝까지 이르리로다 시 2:7,8

우리는 하나님이 그리스도에게 주신 열방 가운데서 구속救贖 받은 자들이기 때문에 유업의 일부이다. 그리스도와 함께한 법적 상속자가 되었다는 말은 우리가 그리스도와 동일한 유업을 받는다는 뜻이다. 이것은 그리스도께서 아버지로부터 상속받는 모든 유업에서도 우리가 동등한 몫을 갖는다는 뜻이다. 공동 상속자로서 우리는 그리스도가 받는 유업에 대해 동일한 권리를 갖는다.

그러나 그리스도와 공동 상속자가 되려면 조건이 있다. 우리가 그리스도와 함께 영광을 받기 위해서는 고난도 함께 받아야 한다는 것이다. 사실, 고난을 좋아하는 사람은 없다. 그리스도와 함께 고난을 받는다는 말은 그리스도를 위해 그 어떤 비난이나 배척, 오해나 고통도 감수한다는 뜻이다. 그 고난은 아주 작은 불편부터 그리스도의 복음을 위해 목숨을 버리는 것까지 모두 포함한다. 그리스도의 이름을 위해 고난을 받는 사람에게는 "그 사람이 결단코 상賞을 잃지 아니하리라" 마 10:42 라고 약속하신다.

세상은 치욕을 공개적으로 참으신 그리스도를 부끄러워한다. 세상은 그리스도를 믿지 않기 때문에 그분의 고난을 이해하지 못한다. 그러나 참 그리스도인은 예수님을 부끄러워하지 않는다.

> 내가 복음을 부끄러워하지 아니하노니 이 복음은 모든 믿는 자에게 구원을 주시는 하나님의 능력이 됨이라 롬 1:16

우리는 예수님이 우리를 위해 당한 치욕을 부끄러워하지 않으셨다는 것을 안다. 예수님이 누구신지 알고 믿기 때문에 세상으로부터 비난을 받아도 기꺼이 감수한다. 우리가 이렇게 주님을 부끄러워하지 않고 사랑할 때, 우리는 그분의 유업을 온전히 공유하게 된다.

약속의 성령으로 인치심

우리는 하나님의 뜻과 계획에 따라 그리스도의 상속자가 되었다. 우리에게 그럴 만한 자격이 있어서가 아니다. 당신이 태어나기도 전에, 하나님은 당신이 그리스도의 유업을 공유하도록 미리 결정하셨다.

> 모든 일을 그 마음의 원대로 역사하시는 자의 뜻을 따라 우리가 예정을 입어 그 안에서 기업이 되었으니 엡 1:11

1세기에는 약속을 문서로 남길 때마다 공인公印을 찍었다. 공인은 약속이 보증되고 지켜지리라는 공식적인 증거였다. 그리스도 안에서, 우리는 영적 유업을 보증하는 공인으로 '성령'을 받았다. 즉, 우리 삶 가운데 나타나는 성령의 증거는 하나님이 영적 유업에 대한 약속을 지키시리라는 공식적인 보장인 셈이다.

> 그 안에서 너희도 진리의 말씀 곧 너희의 구원의 복음을 듣고 그 안에서 또한 믿어 약속의 성령으로 인치심을 받았으니 이는 우리의 기업에 보증이 되사 그 얻으신 것을 구속하시고 그의 영광을 찬미하게 하려 하심이라 엡 1:13,14

하나님은 그리스도 안에서 우리에게 구원을 약속하셨고 이 약속으로 우리를 성령으로 인치셨다. 그리스도인은 그리스도 안에서 천국의 영생을 약속받았다. 우리가 주님을 보는 날, 우리는 그분의 참모습을 볼 것이며, 그분의 모습과 같이 변화될 것이다. 그러나 하나님은 거듭남을 통해 우리가 곧바로 영생을 소유하도록 하셨다. 영생은 성령으로 거듭나는 순간 즉시 시작된다.

거듭나자 성령께서 우리를 인치셔서 우리를 구속救贖하셨다. 우리는 거듭남을 통해, 하나님께서 우리를 완전히 구속하시겠다는 약속과 우리 안에서 그분의 구속 사역을 완성하시리라는 것을 굳게 확신할 수 있다. 하나님께서 이미 성령을 통해 우리에게 새로운 성품을 주셨기 때문이다.

성령이 우리에게 얼마나 중요한지 충분히 알고 있는가? 어떤 사람은 자신의 힘으로 충성스러운 그리스도인이 되려고 매우 열심히 노력한다. 이들은 성경을 연구하고 기도하고 교회에 출석하면서도 정작 성령은 모른다. 거듭나서 새로운 본성을 받은 적이 없다면, 성령을 받지 못했으며 개인적으로 성령을 알지 못할 수 있다. 성령의 보증을 받지 못한 사람이 어떻게 구원의 확신을 가질 수 있겠는가?

우리의 정체성은 아버지 안에서 탄생한다!

거듭났다는 한 가지 증거는 하늘에 계신 아버지의 일에 관심이 있다는 것이다. 아버지의 자녀는 아버지의 일에 열정을 갖게 된다.

예수님은 "내 아버지께서 이제까지 일하시니 나도 일한다" 요 5:17라고 말씀하셨다. 예수님은 아버지께서 하시는 일을 보고 그 일을 하셨으며, 아버지께서는 이를 기뻐하셨다. 거듭남을 통해 그리스도의 본성을 받으면 우리 안에 그분을 섬기고 그분을 기쁘시게 하려는 새로운 갈망이 생겨난다.

예수님은 언제나 아버지의 일에 초점을 맞추셨다. 예수님이 열두 살 때 유대 절기를 지키러 부모님을 따라 예루살렘에 가신 적이 있다. 마리아와 요셉은 집에 돌아오는 길에 예수님이 없어진 것을 알았다. 이들은 사흘이 지나서야 예루살렘 성전에서 서기관과 바리새인들과 토론하고 계신 예수님을 찾았다. 이들이 예수께 근심하고 찾았다고 말하자, 예수님은 어찌하여 찾았느냐고 하시며 "내가 내 '아버지의 일' Father's business을 해야 될 줄 모르셨나이까?"[눅 2:49, NKJV(New King James Version) 영어성경을 직역했다]라고 반문하셨다.

우리가 하늘에 계신 아버지의 일을 물려받으려면, 먼저 우리의 진정한 영적 정체성을 깨달아야 한다. 자신이 그리스도 안에서 누구인지 깨닫기 시작하면, 우리는 그때 비로소 영적 소명召命을 따르기 시작한다. 자신의 진정한 정체성에 관한 문제를 해결해야만 자신이 창조된 진정한 목적을 깨닫게 된다.

그런데 많은 사람들이 정체성과 부르심을 혼동한다. 사람들은 특정한 부르심을 추구하면서 자신의 정체성을 만들어내거나 발견하려고 한다. 하지만 진정한 정체성은 부르심에서 발견할 수 있는 것이 아니다. 도리어 우리의 정체성으로부터 부르심이 나온다.

어떤 사람은 특정 직업이나 일을 통해서 자신만의 정체성을 확립하겠다고 생각한다. 하지만 열심히 일하고 명성을 쌓더라도 일에서 거둔 개인적인 성취가 그 사람의 진정한 정체성이 되지는 못한다. 우리의 정체성은 결코 직업에서 찾을 수 없다.

진정한 정체성은 아버지 품에서만 나올 수 있다. 아버지의 품에 안길 때, 우리는 전부를 다 갖게 된다. 아버지 품에서 우리의 확고한 정체성을 발견할 때, 우리의 삶에 풍성한 열매를 맺는다. 많은 사람들이 스스로 정체성을 '만들어내려고' 노력한다. 자신의 노력으로 좋은 평판을 얻으려 하고, 무엇인가를 이루려고 애쓴다. 그러나 진정한 정체성은 만들어지는 것이 아니라 탄생하는 것이다.

예수님의 경우를 보라. 예수님은 하늘에 계신 아버지의 일에 관심이 있으셨다. 예수님은 아버지를 완전히 아셨기 때문에, 자신의 정체성과 자신의 목적 또한 분명히 아셨다. 예수님은 아버지와 온전한 친밀함을 늘 경험하셨다. 예수님이 그분 자신의 정체성을 시간이 흐르면서 서서히 깨달았을 거라고 주장하는 비성경적인 책과 영화들이 있는데, 이는 잘못된 것이다. 성경은 그렇게 가르치지 않는다.

예수님은 언제나 자신이 누구인지 아셨다. 예수님의 정체성은 하늘에 계신 아버지 안에서 언제나 분명했다. 예수님은 아버지의 사랑을 아셨고, 아버지를 사랑하셨다. 우리는 아버지를 사랑할 때 아버지처럼 되길 원한다. 아버지를 기쁘게 하길 원한다. 모든 사역의 열매는 우리와 하나님의 관계에서 나온다.

아버지의 사랑과 무조건적인 인정을 받아들여라

예수님이 세례를 받으실 때, 성령이 비둘기 모양으로 그분 위에 임하셨다. 그때 하늘에서 음성이 들렸다.

> 이는 내 사랑하는 아들이요 내 기뻐하는 자라 마 3:17

아버지께서 아들을 이토록 기뻐하신 이유가 무엇인가? 아버지는 예수님이 하신 일 때문에 기쁘신 게 아니었다. 예수님은 그 당시 공생애를 시작하지도 않으셨다. 기적도, 설교도, 표적도 아직 행하지 않으셨다. 그러나 아버지께서는 주님을 말할 수 없이 기뻐하셨다. 그래서 모든 사람이 듣도록 예수님을 공개적으로 인정하셨다.

많은 사람들이 행위로 하나님의 인정을 받으려는 실수를 저지른다. 이들은 자기 선행의 결과로 하나님의 사랑과 복을 받으려고 한다.

'내가 이 일을 제대로 해내면, 아버지께서 나를 사랑하실 거야.'

그러나 인간적인 성취로는 하나님의 인정을 받을 수 없다.

예수님은 "이는 너희가 나를 사랑하고 또 나를 하나님께로서 온 줄 믿은 고로 아버지께서 친히 너희를 사랑하심이니라"요 16:27 라고 말씀하셨다. 우리가 아직 죄인이었을 때 하나님이 보여주신 사랑을 생각하면 그저 놀랍기만 하다. 그 사랑에 우리가 믿음으로 반응하면 아버지께서 얼마나 기뻐하시겠는가? 우리는 하나님의 사랑을 받기 위해서 하나님을 사랑하는 것이 아니다. 하나님이 먼저 우리를 사랑하셨기 때문에 사랑하는 것이다.

예수님은 아버지께 받은 영광을 제자들에게 주셨다요 17:22). 무슨 뜻인가? 예수님이 제자인 우리에게, 아버지의 사랑을 나타내는 영광에 참여하는 특권을 허락하셨다는 뜻이다. 우리가 아버지 품에 거할 때, 우리는 사람들이 예수님을 분명히 알 수 있도록 우리의 삶 가운데 그분의 사랑을 나타내야 한다. 그리스도께서 우리의 삶을 통해 드러나며 영광을 받으셔야 한다. 우리가 순간순간 아버지의 사랑과 인정認定을 깨달으며 살아갈 때, 그분의 사랑과 성품이 우리의 삶을 통해 나타난다. 아버지의 품이 사람들을 그리스도께로 이끄는 향기가 된다.

하나님께서는 예수님에게 "이는 내 사랑하는 아들이요 내 기뻐하는 자라"마 3:17 라는 영광을 주셨다. 예수님은 자신이 아버지에게 받은 동일한 영광을 제자들에게도 주겠다고 하셨다. 우리가 그리스도를 믿음으로 의롭다 하심을 받았으니, 아버지께서 이제 우리에게도 동일하게 선포하실 수 있다.

"너는 내 사랑하는 자녀요 내 기뻐하는 자라."

하나님께서 우리를 왜 기뻐하시는가? 우리가 잘해서인가? 우리가 그분을 기쁘시게 하려고 열심히 노력하기 때문인가? 만약 그렇다면, 그것은 인간의 공로일 뿐, 은혜는 아니다. 하나님이 우리를 기뻐하시는 이유는 우리가 하나님의 자녀이기 때문이다. 우리의 행위 때문이 아니라 그리스도께서 이루신 일 때문이다. 하나님께서 예수님을 기뻐하시기 때문에 이제 우리도 기뻐하신다.

하나님께서는 우리에게도 이 같은 사랑을 쏟아 붓길 원하신다. 우리가 아버지의 일에 참여하려면 먼저 그분이 우리를 사랑하는 자녀로 기뻐하신다는 사실을 알아야 한다. 우리가 이 사실을 깨닫기 전까지 우리는 하나님 안에서 소명을 이루지 못한다. 그분의 인정을 받으려는 생각에 떠밀려 공로 의식에 매달리게 된다. 그러나 하나님의 무조건적인 인정이 우리로 하여금 하나님을 기쁨으로 섬기게 한다(시 100:2).

아버지 집에서 사는 법

당신은 아버지의 아름다운 마음에 이끌리는가, 아니면 인정을 받기 위한 자신의 필요에 떠밀리는가? 예수님은 아버지의 인정을 받아야 한다는 생각에 한 번도 떠밀린 적이 없으셨다. 예수님은 언제나 아버지의 인정을 받으셨다. 예수님의 마음과 생각 속에는 항상 아버지의 일이 있으셨다. 하나님은 우리에게 그리스도의 의義를 선물로 주셨는데, 그것은 하나님이 우리를 인정하신다는 뜻이다. 아버지는 우리를 인정하고, 기뻐하며, 좋아하신다.

우리가 이것을 온전히 깨닫고 아버지의 품에서 사는 법을 배울 때 영적인 열매를 맺게 된다. 예수님은 아버지의 인정을 받기 위해 일하신 게 아니다. 아버지에게 마음으로부터 이끌려서 저절로 아버지의 일을 하셨다. 이처럼 우리도 아버지의 자녀로서 육신의 노력을 멈추고 아버지의 품에서 안식하는 법을 배우는 자리로 나가야 한다. 이제 그분의 사랑을 얻으려는 노력을 그치고, 아버지의 놀라운 사랑을 순순히 받아들이는 법을 배우자. 사랑하는 아버지와 얼굴을 맞대게 되면 인간적인 평판을 쌓으려는 노력을 그치게 된다. 우리를 치유하시는 아버지의 인자함과 은총의 품은 다른 무엇과도 비교할 수 없음을 깨닫는다.

그 무엇도 하나님과의 친밀함을 대신하지 못한다. 우리는 이런 친밀함을 위해 창조되었다. 우리는 탕자처럼 방탕했으나 이제 아버지의 은혜로 화해했다. 탕자처럼 아버지의 집으로 돌아왔다. 치유하시는 아버지의 품을 체험할 때, 우리의 영혼은 말한다.

"아, 집에 왔구나!"

아버지의 집은 단순한 건물이 아니라 아버지가 사시는 곳이다. 아버지가 계신 곳이라면 어디든 우리의 집이다. 우리는 아버지 안에 있을 때 안전하다. 우리도 탕자처럼 내 마음대로 하겠다는 이기적인 욕망 때문에 하나님과 단절되었다. 이제 우리는 이런 생각이 헛되다는 사실을 안다. 아버지의 품을 떠난 삶이 어떤지를 안다. 탕자도 단절의 아픔을 겪고 나서야 자신을 낮추고 회개하는 마음으로 아버지의 집에 돌아왔다. 이제 아버지의 품으로 돌아와 깨닫는다.

'여기가 진짜 내 집이야. 다시는 아버지를 떠나지 않을 거야.'

우리가 아버지의 자녀로서 자기 정체성을 발견하면, 아버지께서는 아버지의 일을 하도록 우리를 준비시키신다. 우리에게 맡겨진 임무는, 우리가 자녀로서 아버지 안에 거할 때 이룰 수 있다. 예수님은 여러 곳에서 사역하셨으나 아버지께서 항상 자기와 함께하신다고 말씀하셨다.

내가 과연 너희를 버리지 아니하고 과연 너희를 떠나지 아니하리라
히 13:5

내가 세상 끝날까지 너희와 항상 함께 있으리라 마 28:20

예수님은 또 "성령께서 항상 너희와 함께하시리라"라고 약속하셨다. 성부 성자 성령 하나님께서 우리와 함께하시며 우리와 거처를 함께 하신다.

예수님의 거처는 정확히 묘사할 수 있는 곳이 아니다. 예수님을 따라가서 직접 봐야 한다. 예수님은 자신의 처소를 자세히 설명하지 않으시고 다만 자신을 따르라고 초대하신다. 그분의 거처는 단순히 지식적으로 이해할 수 있는 게 아니라 체험해야 한다.

예수님은 제자들에게 "내 안에 거하라 나도 너희 안에 거하리라"요 15:4라고 가르치셨다. '거하다' abide의 명사는 '거처' abode이다. 거처 居處란 거하는 곳을 말하는데, 이곳은 집이며, 사는 곳이다. 사실상 예수님은 제자들에게 "내 안에 너희 집을 두어라. 그러면 나도 너희 안에 내 집을 두리라"라고 말씀하고 계신다.

우리가 탕자였을 때는 세상 방식에 익숙했지만, 우리가 아버지 집으로 돌아온 후로는 다른 질서 속에 산다. 우리는 주님의 집에서 새로운 방식을 배우고 익숙해져야 한다. 집은 긴장을 풀고 편안하게 지내는 곳이다. 집에서는 신을 벗고, 편한 옷을 입고 느긋하게 쉴 수 있다. 집에는 사랑과 자유가 있다. 집에는 친밀함을 나누는 교제와 하나 되는 기쁨이 있다. 이것이 가족으로 함께 살면서 누리는 축복이다.

아버지께서는 우리가 아버지의 집에 거하면서 불편해하거나 염려하기를 원하지 않으신다. 우리는 아버지의 무조건적인 사랑과 축복을 받아들이는 법을 조금씩 배워나간다. 이제 아버지의 품 안에서 그분의 자녀라는 새로운 정체성을 깨닫고 편안하게 산다. 아버지는 우리가 그분의 임재 안에서 편히 지내기를 바라신다.

내 안에 거하라

아버지를 오해하고 아버지를 슬금슬금 피하다가 미처 그분 안에서 자기 정체성을 발견하지 못한 많은 사람들은 죄책감으로 오랜 세월 고통당하기 때문에, 그리스도를 믿는다고 하면서도 죄에서 자유하는 체험을 하지 못한다. 자신이 절대 용서하지 못하는 한 가지 죄를 생각하고, 생각하고, 또 생각하면서 오랜 시간을 허비하는 사람들도 있다. 이들은 하나님이 그 죄를 용서하시더라도 절대 잊지 않으실 거라고 믿는다. 그 죄 때문에 자신에게 자격이 없고 자신이 비천하다고 느낀다. 그러나 이런 죄책감이 교만의 한 형태일 수 있다. 우리는 하나님 앞에서 자신을 낮추어 자신의 죄를 인정하고 하나님의 말씀을 완전히 믿어야 한다.

만일 우리가 우리 죄를 자백하면 저는 미쁘시고 의로우사 우리 죄를 사하시며 모든 불의에서 우리를 깨끗케 하실 것이요. 요일 1:9

어떤 사람들은 같은 죄를 끊임없이 반복해서 고백한다. 그러나 이들은 교만 때문에 "나는 그럴 자격이 없어요!"라고 말하면서 하나님의 자비를 거부한다.

자신을 겸손히 낮춰라. 아버지의 품을 떠나서는 절대 완전할 수 없다. 성경은 "너희는 그분 안에서 완전하다"(골 2:10, NKJV 영어성경을 직역했다. 개역한글성경은 "너희도 그 안에서 충만하여졌으니"로 옮겼다)라고 선언한다. 우리는 아버지를 떠나서 진정한 행복을 찾지 못한다. 우리와 예수님의 관계가 우리를 완전하게 한다. 아버지의 품이 우리를 만족시키며 보호하기 때문에 그분 밖에서 만족을 구할 때 우리는 공허함을 느낀다.

예수님은 제자들에게 "내 안에 거하라 나도 너희 안에 거하리라 가지가 포도나무에 붙어 있지 아니하면 절로 과실을 맺을 수 없음같이 너희도 내 안에 있지 아니하면 그러하리라"요 15:4라고 말씀하셨다. 하나님을 떠나 자신의 삶에서 뭔가를 이루려고 열심히 노력하는 사람들이 얼마나 많은가? 이들은 자기 자신에게 말한다.

"열심히 노력해서 내 힘으로 성공할 거야!"

그러나 그리스도를 떠나서는 불가능하다. 우리의 정체성은 하나님과의 친밀함에서 나오고, 우리의 열매도 친밀함에서 나온다.

예수님은 우리에게 이렇게 말씀하신다.

"집으로 돌아오라. 그리고 내 길을 배워라. 내 안에서 편히 거하는 법을 배워라."

예수님은 더 나아가 "너희가 내 안에 거하고 내 말이 너희 안에 거하면 무엇이든지 원하는 대로 구하라 그리하면 이루리라"요 15:7 라고 말씀하신다.

그리스도 안에 거하면 아버지가 가르치신다

우리는 기도에 많은 에너지를 쏟아 붓는다. 우리가 원하는 것을 위해 하나님께 구한다. 그런데도 아무 일도 일어나지 않을 때 우리는 이렇게 묻는다.

"주님, 제 기도에 왜 응답하지 않으십니까?"

그러나 우리는 먼저 진정으로 주님 안에 거하는 법을 배워야 한다.

"아버지, 사업을 제대로 못하시네요. 제가 어떻게 하는지 한번 보여 드릴게요."

아들이 아버지의 일을 배울 때, 그 일은 이렇게 해야 한다고 감히 아버지에게 충고하는 법은 없다. 아들이 먼저 겸손한 자세를 보여야 아버지로부터 모든 것을 배울 수 있다. 그래야 아버지의 사업을 운영하는 데 필요한 지혜와 기술을 물려받을 수 있다.

그리스도 안에 거하면 우리의 기도가 달라진다. 우리는 하나님이 이렇게 하셔야 한다고 기도하는 대신에 배우는 자세로 그분 앞에 나아가야 한다. 우리는 하나님께 이렇게 기도해야 한다.

"아버지, 제게 가르쳐주세요. 아버지께서 가르쳐주시는 것이라면 무엇이든 배우고 싶어요."

우리는 순종하는 자녀로서 하나님의 모든 말씀을 스펀지처럼 흡수해야 한다. 우리가 그리스도 안에 거하고 그분의 말씀이 우리 안에 거하면 무엇을 구하든지 그대로 우리 안에 풍성히 이루어질 것이다. 우리가 그리스도 안에 거할 때 비로소 이렇게 말할 수 있다.

"그래, 이게 내가 창조된 목적이야. 이게 바로 나야. 예수님만이 내가 누구인지 말씀해주시지. 예수님 밖에서 나의 정체성을 찾지 않겠어."

이것이 예수님 안에 거하는 것이다. 우리가 그리스도 안에 거할 때, 예수님과 아버지와 성령님과의 진정한 친밀함을 체험한다. 하나님과의 친밀함은 삶의 모든 부분을 여는 열쇠이다. 또 우리가 어떤 사람으로 창조되었는지 이해할 수 있는 열쇠이기도 하다. 그리스도 안에서 우리 자신을 알고 그분 안에서 우리가 받은 유업을 정확히 깨달을 때, 우리는 우리의 소명과 사명과 인생의 목적을 올바로 이해하게 된다.

WORSHIP ENCOUNTER

CHAPTER 10

예수님을 분명히 알면
즉시 그분을 따를 수밖에 없다

기차나 버스나 비행기를 놓치고 좋아할 사람은 없다. 단 몇 초 차이로 아슬아슬하게, 자신이 타야 할 기차를 놓치고 말았다면 누구나 당혹스럽고 난감할 것이다. 간발의 차이로 자신이 기차를 타지 못했고 그 기차가 지금 눈앞에서 떠나간다 하더라도 역무원을 붙잡고 이렇게 따질 수 있는가?

"기차를 조금만 잡아두지 그러셨어요?"

"왜 조금 더 기다려주지 않았나요?"

만약 그렇게 질문한다면 역무원은 어이없다는 듯이 대꾸할 것이다.

"기차는 아무도 기다려주지 않습니다!"

기차는 정해진 운행 시간표대로 움직일 뿐이다. 시간표대로 정차했다가 출발한다. 하나님께도 기차의 운행 시간표와 같은 하나님만의 시간표가 있으시다. 하나님은 어떤 사람을 언제 부르실지 구체적인 시기와 시간을 정해두신다. 하나님은 자신의 때와 기한을 정하시고 우리가 하늘의 부르심에 응답하도록 기회의 문을 우리 앞에 열어두신다.

하나님이 정하신 시간은 순식간에 왔다가 지나간다. 하나님이 정하신 시간은 '홀연히' the suddenly 이다. 이 시간은 아주 오래 전에, 당신이 태어나기도 전에 하나님이 정하신 시간이다. 당신이 기차를 타느냐 놓치느냐는 당신이 얼마나 부지런히 부르심을 준비하고 기대하느냐에 달려 있다.

예수님을 좇은 세리 마태

예수님은 사람들에게 자신을 따르라고 말씀하셨다. 하지만 그 말씀을 듣고 모든 사람이 예수님을 따른 것은 아니다. 그러나 예수님을 따른 사람들은 망설이지 않고 즉시 예수님을 따랐다. 그중에 마태가 있었다.

마태는 유대인으로 태어났으나 세속적인 신분과 생활을 선택했다. 세리는 로마 정부를 위해 동족인 유대인들로부터 세금 거두는 일을 하는 사람으로 사람들의 멸시를 받았다. 세리 마태는 유대인으로서 레위 지파의 후손이라는 영적 유업이 있었는데도, 실제로 동족의 원수를 위해 일하며 큰 부를 축적했다. 마태는 날마다 세관에 앉아 세상을 섬겼고 점점 더 부자가 되어갔다. 그때까지도 마태는 자신이 인생을 잘 산다고 생각했을 것이다. 그러나 사실 그는 생존을 위해 살아갈 뿐이었다.

마태가 세관에 앉아 있는 것을 보시고 예수님이 "나를 좇으라"라고 말씀하시자 마태는 곧바로 순종했다.

> 예수께서 거기서 떠나 지나가시다가 마태라 하는 사람이 세관에 앉은 것을 보시고 이르시되 나를 좇으라 하시니 일어나 좇으니라 마 9:9

마태는 직장 동료나 아내나 친구들의 허락이나 축복을 받으려고 의논하지 않았다. 그는 주저하지 않고 일어나 모든 것을 버려두고 즉시 예수님을 따랐다. 예수님은 그 누구에게도 자신의 제자가 되라거나 제자로서 받을 영적 유업에 대해 미리 말씀하지 않으셨다. 어떤 조건이나 확실한 보장을 제시하면서 자신을 따르라고 설득하지도 않으셨다. 단지 "나를 따르라!"라고 하신다.

엘리사의 부르심

엘리사에게도 부르심은 갑작스레 찾아왔다. 하나님은 엘리야에게, 엘리사에게 기름을 부어 그의 뒤를 이를 선지자로 세우라고 하셨다. 엘리야는 열두 쌍의 소가 끄는 큰 쟁기를 잡고 밭을 갈고 있던 엘리사를 찾아냈다. 이때 엘리야는 아무 말 없이 엘리사에게 자신의 겉옷을 던졌다(왕상 19:19-21). 그런데도 엘리사는 그의 뜻을 알아차렸다. 기름을 붓는 의식이나 안수도 없었고, 별다른 예언도 없이, 엘리야는 그저 자신의 외투를 엘리사에게 던지고는 가던 길을 계속 걸어갔다.

엘리사의 부르심은 갑작스럽고 예상치 못한 일이었다. 마침내 엘리사는 엘리야에게 달려가서 이렇게 부탁했다.

"나로 내 부모와 입 맞추게 하소서. 그리한 후에 내가 당신을 따르리이다."

엘리야는 엘리사에게 마치 아무 일도 없었다는 듯이 말했다.

"돌아가라. 내가 네게 어떻게 행하였느냐?"

엘리야의 행동에 담긴 예언적 의미를 이해하려면 엘리사에게 영적인 눈이 필요했다. 하나님께서 우리를 부르실 때도 자세하게 설명해주지는 않으신다. 따라서 우리는 우리를 향한 하나님의 계획을 다 이해하지는 못하더라도 하나님의 주권적인 부르심과 계획에 무조건 "네"라고 대답할 준비를 해야 한다. 엘리사처럼 하나님의 부르심에 온전히 반응하려면, 이전에 좇던 것들을 버려두고 하나님을 좇겠다는 마음가짐이 필요하다. 하나님의 부르심을 깨달을 수 있도록 영적으로 깨어 있어야 한다.

하나님을 따르라는 부르심은 그분을 따르고자 하는 우리의 의지를 시험한다. 엘리야는 간청하거나 애걸하지 않았다. 엘리사를 위해 기다려주지도 않았다. 그는 아무 일도 일어나지 않은 것처럼 행동했으며 오히려 엘리사에게 집으로 돌아가라고 말했다.

우리는 예수님을 따르는 일이 의무가 아니라 큰 특권이라는 사실을 알아야 한다. 하나님이 당신에게 자신을 따르라고 강요하셔야만 한다면, 이는 당신이 그 부르심을 알아보지 못했다는 뜻이 된다. 당신이 부르심의 무한한 가치를 모른다는 뜻과 다를 바 없다. 우리가 부르심을 받기 전에 무조건 "네!"라고 대답할 준비를 해야 하는 이유가 여기 있다. 비록 세세하게 다 알지 못하더라도 우리는 부르심을 먼저 알아차려야 한다.

엘리사는 집으로 돌아가 한 쌍의 소를 잡아 동네잔치를 열었다. 이것은 엘리사가 동네 사람들에게 "여러분, 고맙습니다. 안녕히 계세요"라고 말하는 자발적이고도 값비싼 작별 인사였다. 또한 과거와의 완전한 분리를 뜻했다. 그는 엘리야를 따라가 그의 제자가 되었다.

부르심을 놓치지 않기 위해 준비하라

예수님은 사람들에게 자신을 따르라고 말씀하실 때, 걸음을 멈추고 그들이 자신을 따를지 말지 결정을 내릴 동안 기다려주지 않으셨다. 예수님은 아버지의 시간에 따라 일하시며 가야 할 곳과 해야 할 일이 있으셨으므로, 누군가를 부르실 때에도 걸음을 멈추고 "잠깐만! 우리 이 형제가 결정을 내릴 동안 잠시 기다려주자"라고 말씀하지 않으신다. 우리는 예수님을 만나는 카이로스의 순간에, 그분의 부르심에 즉각 따를 준비가 되어 있어야 한다.

많은 사람들이 하나님의 시간을 맞을 준비가 되어 있지 않아서 자신의 부르심을 놓치고 만다. 부르심을 놓치는 것은 기차를 놓치는 것과 같다. 물론 놓친 기차 뒤에는 다음 기차가 온다. 그 기차가 당신의 원래 목적지 가까이 가거나 목적지까지 가기도 하겠지만 첫 번째 기차를 따라잡지는 못한다. 당신이 앞서 기차를 놓쳤기 때문이다. 당신이 그 기차를 예정대로 탔다면 어떻게 되었을지 알 수 없는 일이다. 당신은 현재를 살면서 미래를 준비할 뿐이다.

당신을 위한 구체적인 계획과 부르심이 하나님께 있음을 진정으로 믿는가? 하나님께서는 "너희를 향한 나의 생각은 내가 아나니 재앙이 아니라 곧 평안이요 너희 장래에 소망을 주려 하는 생각이라"렘 29:11라고 약속하신다. 하나님은 우리에게 모호하고 막연하게 자신을 신뢰하라

많은 사람들이 하나님의 시간을 맞을 준비가 되어 있지 않아서 자신의 부르심을 놓치고 만다.
부르심을 놓치는 것은 기차를 놓치는 것과 같다.
다음 기차가 당신의 원래 목적지까지 가기도 하겠지만 당신이 놓친 기차를 따라잡지는 못한다.

고 요구하지 않으신다. 우리가 하나님의 부르심에 "네"라고 대답할 때, 하나님은 우리가 가야 할 길을 구체적으로 인도하신다. 진정한 제자는 이렇게 기도해야 한다.

> 주의 의로 나를 인도하시고 주의 길을 내 목전에 곧게 하소서 시 5:8

하나님을 찾으며 그분을 따르기 원한다면 이렇게 말할 수 있다.

> 주께서 생명의 길로 내게 보이시리니 주의 앞에는 기쁨이 충만하고 주의 우편에는 영원한 즐거움이 있나이다 시 16:11

하나님께서는 하나님을 찾는 사람에게 이렇게 말씀하신다.

> 내가 너의 갈 길을 가르쳐 보이고 너를 주목하여 훈계하리로다 시 32:8

예수님은 들을 귀가 있는 자들에게 "나를 따르라"라고 동일하게 명령하신다. 어떤 사람들은 예수님의 명령에 즉시 따랐고, 어떤 사람들은 슬픈 기색을 하고 돌아섰다. 또 어떤 사람들은 예수님을 따를지 아니면 개인적인 욕망을 채울지 갈등하며 주저했다.

우리가 개인적인 일에 매달리면 예수님을 따르지 못한다. 예수님은 "너희는 먼저 그의 나라와 그의 의를 구하라 그리하면 이 모든 것을 너희에게 더하시리라"마 6:33라고 말씀하셨다. 우리가 먼저 하나님나라를 구하려면 첫 번째 계명을 반드시 첫째 자리에 두어야 한다. 가장 큰 계명은 마음과 목숨과 뜻과 힘을 다하여 하나님을 사랑하는 것이다(막 12:30 ; 마 22:37 ; 눅 10:27 ; 신 6:5). 우리가 예수 그리스도를 따르는 것보다 더 중요하게 여기는 것이 있다면, 그것은 마음의 우상이다.

우리가 하나님을 그 무엇보다 그 누구보다 사랑할 때, 우리의 마음도 그분을 알아볼 준비가 된다. 예수님을 즉시 따른 사람들은 예수님을 참모습 그대로 알아보았다. 그들은 이미 예수님을 따를 마음의 준비가 되어 있었기 때문이다.

제자도를 위한 결정적인 선택

예수님이 어떤 사람에게 자신을 좇으라고 말씀하셨다(눅 9:59). 그런데 성경은 놀랍게도 그가 '이미' 예수님의 제자였다고 말한다(마 8:21,22). 제자라면 예수님을 따르는 사람이 아닌가. 일반적으로는 그렇지만 제자의 삶에도 다양한 수준이 있다. 예수님을 따르기 시작했지만 제자의 삶에 얼마나 큰 희생이 따르는지 정확히 알지 못하는 사람도 있다.

그 제자는 머뭇거리면서 예수께 "주여 나로 먼저 가서 내 부친을 장사하게 허락하옵소서"마 8:21라고 했다. 이것은 그의 아버지가 돌아가셨다는 뜻이 아니다. 유대 전통에 장자는 평생 부모를 돌볼 책임이 있었다. 따라서 이런 의무에서 놓이기 전에는 스스로 결정할 자유가 없다. 그러니까 이 제자의 말은 사실상 이런 뜻이었다.

"저는 유대인의 아들입니다. 아버지가 살아 계시는 동안에는 제가 아버지를 모셔야 합니다. 아버지가 돌아가시면 그때 주님의 제자가 되겠습니다."

그의 말은 "부모님이 주님보다 먼저입니다. 가족에 대한 의무가 첫째이며 주님은 둘째입니다"라는 말과 다름없다. 이에 대한 예수님의 신속한 반응에 주목하라.

> 예수께서 가라사대 죽은 자들로 저희 죽은 자를 장사하게 하고 너는 나를 좇으라 마 8:22

인간적으로 보면, 참으로 귀에 거슬리는 말이다. 하나님께서는 우리에게 부모를 공경하라고 명하셨다. 그러나 예수님은 우리 삶에서 하나님보다 우위에 두는 것이 있다면 그것은 본질적으로 죽은 것이라고 말씀하신다. 당신이 무언가를 예수 그리스도보다 더 사랑할 때, 당신은 생명 없는 것을 사랑하는 것이다.

> 아비나 어미를 나보다 더 사랑하는 자는 내게 합당치 아니하고 아들이나 딸을 나보다 더 사랑하는 자도 내게 합당치 아니하고 마 10:37

> 무릇 내게 오는 자가 자기 부모와 처자와 형제와 자매와 및 자기 목숨까지 미워하지 아니하면 능히 나의 제자가 되지 못하고 눅 14:26

제자들은 예수님이 "나를 따르라"라고 말씀하실 때, 각자 선택을 해야 했다.

"예수 그리스도인가? 나의 가족인가?"

당신이 예수님을 따르기 위해 누군가의 허락을 받아야 한다면 당신은 이미 그 사람을 예수님보다 더 권위 있게 생각하는 것이다. 또 다른 사람이 예수님에게 "주여 내가 주를 좇겠나이다마는 나로 먼저 내 가족을 작별케 허락하소서"눅 9:61라고 말하자, 예수님은 이렇게 대답하셨다.

> 손에 쟁기를 잡고 뒤를 돌아보는 자는 하나님의 나라에 합당치 아니하니라 눅 9:62

우리 중에도 하나님을 따르는 것처럼 보이지만 속으로는 계속 뒤돌아보며 두고 온 것을 아쉬워하는 사람들이 있다. 예수님은 그 사람들에게 "롯의 처를 생각하라"눅 17:32라고 경고하신다. 하나님의 천사가 롯과 그의 가족을 소돔에서 탈출시킬 때 뒤돌아보지 말라고 명령했지만, 롯의 아내는 불순종했고 결국 소금기둥이 되었다(창 19:17,26). 그녀는 안전한 곳으로 피하면서도 남겨두고 온 것에 미련을 버리지 못했다. 진정으로 예수님을 따르려면 뒤돌아보지 말아야 한다.

주님을 안다면 말씀도 따른다

"예수님을 따를 것인가?"라는 본질적인 물음에 대한 답은 우리가 예수님을 정확히 아느냐에 달렸다. 만일 예수님을 정확히 안다면 망설임 없이 예수님을 따를 것이다. 오직 그분에게만 영생의 말씀이 있다는 것을 알기 때문이다.

예수님이 길 가실 때, 한 사람이 달려와서 주님 앞에 무릎을 꿇고 물었다.

> 선한 선생님이여 내가 무엇을 하여야 영생을 얻으리이까 막 10:17

청년이 예수님 앞에 무릎을 꿇었으나 예수님을 "선한 선생님"이라고 부른 것으로 볼 때, 그는 예수님을 정확히 알지 못했다. 예수님은 이 부분을 지적하며 물으셨다.

> 네가 어찌하여 나를 선하다 일컫느냐 하나님 한 분 외에는 선한 이가 없느니라 막 10:18

예수님은 청년의 질문에 답하시기 전에, 먼저 예수님 자신이 누구신가에 대해 바로잡아주시고자 했다. 예수님은 우리가 단순히 지혜의 말을 들으러 예수님 앞에 나오는 것을 허락하지 않으신다. 우리는 예수님이 어떤 분이신지 알아야만 한다.

많은 사람들이 중요한 질문을 가지고 예수님께 나온다. 그러나 모든 사람이 예수님이 어떤 말씀을 하시더라도 순종하겠다는 태도로 나온 것은 아니다. 하지만 예수님이 하나님의 아들이심을 진정으로 믿는다면, 그분의 모든 말씀은 절대적 권위를 가진다. 우리는 주님의 모든 말씀에 순종해야 한다.

예수님의 가르침이 도덕적인 삶을 살기 위한 조언에 그치는가? 예수님이 지혜로운 말을 하는 선한 선생에 지나지 않는 분인가? 그렇지 않다. 그분의 말씀은 하나님의 말씀이었다. 바로 그런 분이 우리의 순종을 요구하신다.

예수님은 우리가 뷔페식당을 이용하듯이 말씀을 보는 것을 허락하지 않으신다. 뷔페에서는 '이건 조금만 먹고, 저건 안 먹고, 이건 많이 먹어야지' 하는 식으로 음식을 마음대로 고를 수 있지만, 우리는 예수님의 말씀 중에서 우리가 좋아하는 것만 선택할 수는 없다. 하나님 말씀에 대한 완전한 순종이 아니면 아무 소용이 없다.

젊은 부자 관원은 자신이 지금 누구와 이야기를 나누는지 몰랐다. 청년은 예수님이 누구신지 정확히 알지 못했으며, 예수님 또한 이 사실을 아셨다. 예수님을 안다는 것은 그분의 말씀에 어떻게 반응할 것인가에 영향을 끼친다. 예수님이 이 세상에 육신을 입고 오신 하나님이심을 알면, 우리는 그분의 말씀이야말로 유일한 답이라는 것을 알게 된다.

영적 부르심은 간절한 자들의 몫이다

부자 청년이 예수님의 진정한 권위를 알아보지 못하자 예수님은 그의 질문에 대답하지 않으시고, 대신에 청년에게 몇 가지 계명을 인용하셨다. 그러자 그는 어려서부터 그 계명들을 다 지켰다고 말했다. 그렇지만 그는 자신에게 무엇인가 부족한 것이 있다는 것을 직관적으로 알았다. 죄성을 가진 인간은 자신이 하나님의 의義의 표준에 미치지 못한다는 것을 안다. 겉으로 보기에 사람이 전혀 죄를 짓지 않는다고 해도 타고난 죄성 때문에 마음과 생각으로 짓는 죄가 있다.

예수님은 부자 청년을 보시고 사랑하셔서 그에게 이렇게 말씀하셨다.

> 예수께서 그를 보시고 사랑하사 가라사대 네게 오히려 한 가지 부족한 것이 있으니 가서 네 있는 것을 다 팔아 가난한 자들을 주라 그리하면 하늘에서 보화가 네게 있으리라 그리고 와서 나를 좇으라 막 10:21

그런데 이 말씀을 들은 젊은 부자 관원의 태도를 보라.

> 그 사람은 재물이 많은 고로 이 말씀을 인하여 슬픈 기색을 띠고 근심하며 가니라 막 10:22

젊은 관원은 슬퍼하며 돌아섰다. 바로 이 지점에서, 그는 자신의 영적 소명을 향해 더 이상 나아가지 못했다. 청년을 사랑하신 예수님은 그가 하나님이 정하신 뜻을 따르지 못하는 핵심 문제가 무엇인지 명확히 지적하셨다. 그러니까 이제 그 문제만 해결하면 되는 것이다. 그런데 그는 그 제안을 거부했다.

청년은 자신의 부富와 사회적 지위를 매우 소중히 여겼으며, 결국 이것이 그의 우상이 되고 말았다. 그는 영적 진리를 사모했지만, 모든 것을 버리고 예수님을 따를 만큼 간절하지는 않았다. 그는 재물에 눈이 멀어, 예수님이 육신으로 오신 하나님이심을 깨닫지 못했다. 이처럼 재물에 대한 사랑은 우리 안에 영적 무감각과 무지를 낳는다.

영적 부르심은 영적으로 간절한 자들을 위한 것이다. 사람이 이 세상에 만족하면 영적 굶주림을 느끼지 못하고, 결국 자신의 영적 부르심을 놓치고 만다. 젊은 부자 관원의 진짜 문제는 소유를 포기하는 문제가 아니었다. 예수님은 그에게 하늘의 보화를 약속해주셨다. 진짜 문제는 소유를 잃는 게 아니라 예수님을 알아보지 못한다는 것이었다. 그는 예수님을 믿지 않고, 재물에 눈이 멀어 미처 그분을 알아보지 못했다.

그 사람도 깊은 실망감을 감추지 못하고 속으로 이렇게 생각했을지도 모른다.

'모든 것을 버리고 선생님을 따르라고요? 제가 선생님을 찾아온 이유는 선생님을 따르고 싶어서가 아니라 그냥 조언이나 들어볼까 하고 온 겁니다.'

우주의 창조주를 믿고 따르는가?

예수님은 청년에게 자신을 따를 것을 말씀하셨고 청년은 결정을 내려야 했다. 자기 마음의 진정한 보화가 무엇인지 보여야 했다. 예수님은 우리가 꼭 듣고 싶어 하는 말씀만 하는 분이 아니며 단순히 충고만 하는 조언자도 아니시다. 예수님은 우리의 주인이시며 따라서 우리에게 완전한 순종을 요구하신다.

당신은 예수님을 누구라고 생각하는가? 예수님을 모든 권세가 있는 하나님이라고 믿으면 예수님을 따르는 결정이 어려울 리 없다. 이제 우리에게는 모든 것을 버리고 그분을 따르는 것 말고는 다른 선택이 있을 수 없다.

예수님은 당신이 서 있는 땅을 창조하셨고, 당신이 땅을 딛고 서는 밭과 당신이 마시는 공기와 당신을 숨쉬게 하는 폐와 당신의 몸을 창조하셨다. 예수님은 당신이 보는 모든 것을 창조하셨고, 당신이 만물을 볼 수 있는 눈도 창조하셨다. 이 모든 것이 주님에게서 났다. 그분은 창조주이시다.

당신은 자신이 누구를 따르는지 알아야 한다. 당신은 모든 권세와 능력을 가지신 분을 따르고 있다. 우리는 예수 그리스도의 제자로서 세상에서 가장 놀라운 특권을 가졌다. 우주의 창조주께서 자신을 낮추시고, 인간으로 이 땅에 오셔서 우리가 그분을 믿고 따르게 하기 위해 자신을 나타내셨다. 주님이 우리에게 "나를 따르라!"라고 말씀하신다.

주님의 영광이 온 천하에 드러나고 모든 사람이 그 영광을 볼 때가 올 것이다.

> 주께서 가라사대 내가 살았노니 모든 무릎이 내게 꿇을 것이요 모든 혀가 하나님께 자백하리라 롬 14:11

그러나 지금은 그 영광이 교만한 자에게는 감춰졌다. 주님의 나라가 스스로 지혜롭다고 여기는 자들에게 감춰졌다.

천국의 보화, 예수 그리스도를 보는 눈이 있는가?

예수님은 하나님나라가 마치 '밭에 감추인 보화'와 같다고 말씀하셨다. 한 사람이 밭에서 보화를 발견하고 이를 다시 숨긴 다음, 보화를 얻기 위해 그 밭을 샀다(마 13:44). 그 사람은 보화를 발견했을 때, 그 보화가

우리는 하나님나라를 보는 눈으로 하나님나라의 측량할 수 없는 가치를 볼 수 있어야 한다.
그러면 그 보화가 그것을 얻기 위해 치르는 값보다 월등한 가치가 있음을 금방 깨닫게 된다.
값을 매길 수 없는 하나님나라의 보화는 그 무엇과도 비교할 수 없다.

자신의 소유를 다 팔아 사고도 남음이 있을 만큼 놀라운 가치가 있다는 것을 알아보았다.

우리는 하나님나라를 보는 눈으로 하나님나라의 측량할 수 없는 가치를 볼 수 있어야 한다. 그러면 그 보화가 그것을 얻기 위해 치르는 값보다 월등한 가치가 있음을 금방 깨닫게 된다. 아무리 비싼 값을 지불한다 해도 결코 비싸지 않은 것이다. 값을 매길 수 없는 하나님나라의 보화는 그 무엇과도 비교할 수 없다.

하나님께서는 아무도 멸망하지 않고 다 회개하기를 원하신다(벧후 3:9). 그러나 모든 사람이 그분께 나오지는 않는다. 왜냐하면 모든 사람이 그분을 참모습 그대로 볼 수 있는 것은 아니기 때문이다. 우리의 영적인 눈이 열려 있지 않으면, 하나님나라의 보화는 영영 감춰지게 될 것이다.

하나님은 누구에게도 자신을 나타내실 의무가 없으시지만, 겸손하고 간절한 이들에게 자신을 나타내기를 기뻐하신다. 예수님은 이렇게 기도하셨다.

> 천지의 주재이신 아버지여 이것을 지혜롭고 슬기 있는 자들에게는 숨기시고 어린아이들에게는 나타내심을 감사하나이다 마 11:25

스스로 지혜롭다고 여기는 자들은 예수님을 참모습 그대로 보지 못한다. 예수님은 겸손하고 주린 자들에게, 그리고 영적으로 어린아이 같은 자들에게 자신을 나타내신다. 어떤 사람들은 다른 사람들보다 예수님을 더 분명하게 볼 수 있기도 하다. 하지만 예수님이 자신을 나타내지 않으시면 어느 누구도 예수님과 아버지를 알지 못한다.

> 내 아버지께서 모든 것을 내게 주셨으니 아버지 외에는 아들을 아는 자가 없고 아들과 또 아들의 소원대로 계시를 받는 자 외에는 아버지를 아는 자가 없느니라 마 11:27

예수님은 변화된 자신의 영광스러운 모습을 몇몇 제자에게만 보여주셨다(눅 9:28-36). 열두 제자만이 예수님이 물 위를 걸으시는 광경을 보았다(마 14:22-33). 예수님은 무리에게는 비유로 말씀하셨으나 제자들에게는 분명하게 말씀하셨다(마 13:10-17). 그리고 사마리아 여인에게는 자신이 이스라엘의 메시아라는 사실을 밝히셨지만(요 4:25,26), 다른 사람들에게는 한마디도 하지 않으셨다(사 53:7 ; 눅 23:9 참조).

왜 그러셨는가? 자신이 선택한 사람들에게 자신을 나타내기로 작정하셨기 때문이다. 예수님은 완전하시며, 죄 없는 하나님의 아들이시며, 보이지 않는 하나님의 형상이시다. 그분은 무엇이든 자신이 선택한 일을 하실 수 있으며, 무슨 일을 하시든지 의로우시다.

그 누구도 예수님이 불의하다고 비난하지 못한다. 예수님은 "너희 중에 누가 나를 죄로 책잡겠느냐"요 8:46라고 물으셨다. 예수님이 자신의 영광을 특정 사람에게만 나타내신다 하더라도 주님을 불의한 분이라고 말할 수 없다. 예수님에게는 그런 의무가 없으시기 때문이다.

예수님은 자원하여 이 땅에 오셔서 우리의 구주가 되셨고, 자신의 생명을 인류를 위한 대속물로 주셨다. 예수님은 이처럼 자신이 택한 사람들에게 자원하여 자신을 나타내신다. 그분은 누구에게도 자신을 따르라고 애원하지 않으시며, 사람의 견해에 반응하지 않으신다.

그리스도를 계시하시는 성령님
예수님이 제자들에게 물으셨다.

> 사람들이 인자를 누구라 하느냐 마 16:13

예수님이 제자들에게 "사람들이 나를 누구라고 하느냐?"라고 물으신 이유는 여론에 관심이 있어서가 아니었다. 예수님의 질문에는 어떤 의도가 있었다. 이에 제자들이 "더러는 세례 요한, 더러는 엘리야, 어떤 이는 예레미야나 선지자 중의 하나라 하나이다"마 16:14라고 말했다. 예수님은 어떤 견해에도 반응하지 않으시고 제자들에게 다시 물으셨다.

"너희는 나를 누구라 하느냐?"

"주는 그리스도시요 살아 계신 하나님의 아들이시니이다"라고 베드로가 대답했다. 그러자 이 대답을 들으신 예수님께서 말씀하셨다.

"바요나 시몬(베드로)아 네가 복이 있도다 이를 네게 알게 한 이는 혈육이 아니요 하늘에 계신 내 아버지시니라."

하늘의 계시가 없으면, 우리는 예수님을 참모습 그대로 보지 못한다. 예수님에 대한 사람의 견해는 중요하지 않다.

예수님을 '주' Lord와 '구주' Savior로 믿는다고 말하는 사람들은 많다. 그러나 이것이 인간적인 견해인지, 아니면 하늘로부터 받은 참 계시인지 알고 있는가? 견해와 계시는 별개이다. 사람들은 견해를 쉽게 바꾸지만, 하늘로부터 받은 계시는 잊을 수 없는 명백한 진실이 된다.

법정은 신빙성 있는 증언만을 받아들인다. 일반적으로 간접 증거는 인정되지 않으며 재판 과정에서 증거로 채택되지도 않는다. 간접 증거는 증언이 아니다. 직접 겪은 일이 아니라 다른 사람들에게 들은 이런 증언은 신빙성이 없다고 판단된다. 바울은 자신이 그리스도에 대해 전한 복음은 단순히 사람들로부터 얻은 정보가 아니라고 말했다. 하나님이 그리스도를 자기 속에 나타내시기를 기뻐하셨다고 말했다(갈 1:15,16). 바울은 사람들의 견해를 가르치지 않았으며 예수님이 자신에게 직접 계시하신 것을 전했다.

> 형제들아 내가 너희에게 알게 하노니 내가 전한 복음이 사람의 뜻을 따라 된 것이 아니라 이는 내가 사람에게서 받은 것도 아니요 배운 것도 아니요 오직 예수 그리스도의 계시로 말미암은 것이라 갈 1:11,12

진실로 예수님을 만난 사람은 자신의 체험을 부인하지 못한다. 그 사람은 예수님을 오해하거나 의심할 수 없다. 예수님을 만나 완전히 변화된 사람만이 진정으로 "예수는 나의 주님"이라고 고백할 수 있다. 이것은 체험에서 나오는 고백이다. 성령으로 아니하고는 누구든지 예수를 주主시라 할 수 없다(고전 12:3)는 말씀이 바로 이런 뜻이다. 우리의 신앙고백은 계시에서 나온다.

성령 하나님은 계시의 영靈이기도 하다. 사도 바울은 에베소교회 성도들이 그리스도를 아는 지혜와 계시의 영으로 충만해져서 영안靈眼이 열리기를 기도했다(엡 1:17,18). 성령으로 예수님을 본다는 점에서 계시는 단순한 견해와 다르다.

예수님의 증언은 대언代言의 영이다(계 19:10). 예수님은 자신을 우리에게 드러내심으로써 우리의 삶이 예수님을 증언할 수 있도록 하신다. 예수님에 대한 우리의 증언은 결코 인간적인 견해에 머무르지 않으며 예수님과의 진정한 영적 만남에서 나온다. 계시의 영은 이렇게 역사한다. 성령님은 인격적인 일대일 만남을 통해 예수님을 우리에게 보여주신다. 이때 우리의 삶은 영원히 바뀐다.

어떤 사람이 "예수는 주"라고 말할 때, 개인적인 체험에서 말하는가? 아니면 간접 증언인가? 당신은 주님을 직접 만나 영원히 변화되었는가? 아니면 누군가에게 들었을 뿐인가? 성령께서 당신에게 그리스도를 계시하셨는가? 아니면 단순히 당신의 견해일 뿐인가? 지금 생각해 보라.

귀신도 예수가 누구신지 믿고 떤다

"예수는 주"라는 말만 반복하는 것으로도 부족하다. 예수님이 누구신가에 대한 정확한 견해를 가졌다고 해서 구원받는 것이 아니기 때문이다. 야고보는 "네가 하나님은 한 분이신 줄을 믿느냐 잘하는도다 귀신들도 믿고 떠느니라"약 2:19라고 했다.

예수님이 이곳저곳으로 다니실 때, 때로 악한 영들이 그분에게 자신을 드러냈다. 한번은 예수님이 가버나움 회당에서 가르치실 때, 귀신들린 사람이 소리쳤다.

> 나사렛 예수여 우리가 당신과 무슨 상관이 있나이까 우리를 멸하러 왔나 이까 나는 당신이 누구인 줄 아노니 하나님의 거룩한 자니이다 막 1:24

예수님은 귀신에게 조용하라 명하시고 그 사람에게서 귀신을 쫓아내셨다. 귀신들도 예수님이 누구신지 알았다. 하지만 예수님을 아는 지식만으로 구원받는 것은 아니다.

몇 년 전에 시카고의 어느 교회에서 겪은 일이다. 내가 눈을 감고 찬양을 인도하는데 갑자기 이상한 느낌이 들었다. 눈을 뜨고 앞을 보니, 검은 옷을 입은 두 여자가 팔을 내저으며 사탄의 주술을 외우고 있었다. 옆에서 기도하던 아내 역시 얼른 일어나 두 여자를 보았다. 나와 아내는 거의 동시에 그들을 끌어내도록 안내자들에게 신호를 보냈다. 두 여자는 하나님을 예배하러 온 게 아니라 집회를 방해하러 왔던 것이다.

안내자들은 두 여자를 교회 로비로 끌어냈지만, 그들은 나가지 않으려고 거세게 저항하며 싸우려고 했다. 결국 내가 나가서 두 여자와 이야기했다. 그들은 나에게 항의하며 말했다.

"도대체 무슨 권리로 이러는 거죠? 우리는 잘못한 게 없어요. 우리도 다른 사람들처럼 찬양했어요. 우리도 여기에 있을 권리가 있단 말이에요."

"이곳은 신자들의 집회 장소입니다. 집회에 참석하고 싶다면 먼저 사탄숭배와 주술을 버리고 오세요. 귀신을 데리고는 여기에 들어올 수 없습니다."

한 여자가 빈정대는 투로 말했다.

"우리도 그리스도인이란 말이에요!"

나는 두 사람에게 물었다.

"그러세요? 그렇다면 '예수님은 나의 구주이십니다'라고 말씀해보세요."

한 여자가 나를 쏘아보더니 고개를 저으며 흉내 내듯이 말했다.

"예수는 나의 주, 나의 구주다!"

"예수님이 여러분의 주요 구주이시라면, 바로 이 순간 사탄숭배와 주술을 완전히 버리고 회개하십시오."

그 순간 두 여자는 광적인 웃음을 터트렸다. 둘은 웃음을 멈추지 못했다. 두 사람은 "예수는 나의 주, 나의 구주"라고 거듭 말했지만, 사탄숭배와 주술을 버리는 것은 거부했다.

나는 그들에게 말했다.

"두 분은 테스트를 통과하지 못했습니다. 그러니 여길 떠나세요."

그들은 마지막까지 저항했으나 건물 밖으로 호송되었다.

사람들이 그저 "예수는 나의 주"라고 거듭 말한다고 해서, 예수님이 진짜 그들의 구주가 되시는가? 아니다. 그리스도에 대한 진정한 고백은 내주하시는 성령의 계시를 통해서만 가능하다.

영생의 말씀이 주께만 있습니다

사탄도 하나님의 말씀을 알고 성경을 인용할 줄 안다. 심지어 어떤 그리스도인들보다 성경을 훨씬 더 잘 알기도 한다. 사탄은 그리스도인들이 성경을 제대로 아는 것을 원치 않는다. 그리스도인이 하나님의 말씀을 진정으로 깨닫는다면 사탄의 나라를 위협하는 적이 되기 때문이다. 사탄은 성경을 그릇 인용하거나 문맥에서 떼어내 인용할 수는 있지만, 하나님의 말씀에 진정으로 순종하지는 못한다.

예수님이 성령에 이끌려 광야에서 40일을 금식하셨을 때, 사탄에게 유혹을 받으셨다. 사탄이 예수님을 유혹할 때 무엇을 들고 나왔는가? 다름 아닌 하나님의 말씀이었다.

사탄은 성전 꼭대기에서 뛰어내리라고 예수님을 유혹하면서, 증거 본문으로 시편 91편 11,12절을 인용했다. 예수님은 여기에 어떻게 대응하셨는가? 예수님도 성경으로 답하셨다 (신 6:16 참조).

> 기록되었으되 주 너의 하나님을 시험치 말라 하였느니라 마 4:7

예수님은 하나님의 아들로서, 주님이시다. 사탄은 주님을 시험하고 있었다. 그러나 인자人子로서, 예수님은 아버지께 완전히 순종하셨다.

사탄은 예수님에게 돌로 떡을 만들어보라고도 유혹했다. 예수님은 "기록되었으되 사람이 떡으로만 살 것이 아니요 하나님의 입으로 나오는 모든 말씀으로 살 것이라 하였느니라" 마 4:4라고 말씀하셨다 (신 8:3 참조).

예수님은 자신의 뜻을 이루기 위해 오신 것이 아니다. 오직 아버지께서 하시는 일을 온전히 행하려고 오셨다. 예수님은 우리에게 감동을 주기 위해 계시하시는 것이 아니다. 들을 귀와 볼 눈이 있는 자에게 자신의 진정한 본성을 계시하신다.

당신은 예수님이 누구신지 아는가? 그분의 영광을 보았는가? 예수님이 당신의 영적인 눈을 여셨다면 당신은 주님을 따르지 않을 수 없을 것이다. 우리도 제자들처럼 이렇게 대답해야 한다.

> 주여 영생의 말씀이 계시매 우리가 뉘게로 가오리이까 요 6:68

PART 4

예수님의 부르심에 응답하는 예배자

The worshiper who responds to Jesus' call

복음은 모든 사람에게 거저 주어졌으나 모든 사람이 주님의 부르심에 반응하는 것은 아니다. 복음은 단순히 동의의 대상이 아니라 순종의 대상이다. 우리는 그리스도의 제자로서 주님의 부르심에 온전히 반응하고 전심으로 순종해야 한다. 하나님은 우리가 처음부터 사랑과 신뢰로 그분의 부르심에 반응하고, 그분 안에서 천국의 목적을 이루기를 가장 바라신다.

WORSHIP ENCOUNTER

CHAPTER 11

삶을 변화시키는
예수님의 증인이 되는 인생을 산다

나는 C. S. 루이스가 지은 《나니아 연대기 The Chronicles of Narnia》의 열렬한 팬이다. 이 책은 영화로도 제작되어 큰 인기를 끌었다. 1편 〈사자, 마녀, 그리고 옷장〉에는 '나니아'에 다녀온 막내 루시가 나니아에서 겪은 일을 형제들에게 설명하는 장면이 나온다. 하지만 아무도 루시의 말을 믿지 않았다. 믿기 어려운 이야기인데다가 루시가 꾸며낸 이야기라고 에드먼드가 장난을 쳤기 때문이다. 그래도 조금은 미심쩍었는지 수잔과 피터가 교수님을 찾아가 이 이야기를 털어놓았다.

교수님은 아이들이 미처 생각지도 못했던 말을 꺼냈다.

"너희는 루시의 말이 사실이 아니란 걸 어떻게 확신하니?"

"왜냐하면…."

수잔은 말을 하려다가 멈칫했다. 교수님의 얼굴이 매우 진지했기 때문이다. 수잔은 다시 용기를 내어 대답했다.

"에드먼드 말로는 그냥 그런 척하고 놀았다던데요."

"그게 바로 문제다. 바로 그 점을 고려해봐야 해. 아주 신중하게 말이야. 예를 들어, 경험상 네 남동생과 여동생 중에 누가 더 믿을 만하니? 누가 더 정직하냐는 뜻이다."

"지금까지는 루시죠."

피터가 대답했다. 루시는 항상 진실한 아이였고 에드먼드는 그렇지 못했다는 사실이 성립하자 루시에 대한 사람들의 믿음이 두터워졌다. 루시의 이야기는 놀랍고 기적 같았지만, 사람들은 지금까지의 증거를 토대로 루시를 믿기로 결정했다.

기적을 믿지 않는 사람들

예수님은 우리에게 자신을 어떻게 계시하시는가? 기적은 예수님이 누구신지 증언하지만, 기적 자체만으로 사람들에게 예수님을 믿게 하기는 어렵다. 기적을 보고서야 믿는 사람은 늘 또 다른 기적을 바란다. 그 사람은 기적을 의지하기 때문에 하나의 기적만으로는 만족하지 못하며 자신의 믿음을 북돋아줄 다른 기적을 또 기대하게 된다. 이런 믿음은 진짜 믿음이 아니다. 예수님은 악하고 음란한 세대가 표적을 구한다고 말씀하셨다(마 12:39).

하나님은 자신의 이름을 영화롭게 하시기 위해 기적을 행하신다. 우리를 감동시키거나 매료시키기 위해서 기적을 일으키시는 것이 아니다. 예수님께서 "믿는 자들에게는 이런 표적이 따르리니"막 16:17라고 말씀하신 것처럼, 우리가 표적이나 기사奇事를 좇을 것이 아니라 우리에게 표적이나 기사가 따르게 되는 것이다.

그런데 그 기적조차 믿지 않으려는 사람들이 있다. 기적을 믿지 않는다면, 말씀의 하나님도 믿을 수 없을 것이다. 예수님은 "하나님으로서는 다 하실 수 있느니라"막 10:27라고 말씀하셨다. 기적을 행하시는 하나님께 어렵거나 불가능한 일이란 없다.

나도 기적을 체험한 적이 있다. 한번은 오랜 지인知人에게 내가 체험한 기적에 대해 이야기했다. 그런데 그는 내 이야기를 믿을 수 없다고 말했다. 그래서 내가 말했다.

"저를 잘 아시잖아요? 우리는 서로 알고 지낸 지도 오래됐고, 제가 이런 이야기를 지어낼 사람이 아니라는 것도 잘 아시잖아요? 제가 직접 경험했다니까요? 저를 믿지 못하시겠어요?"

그런데도 그는 "죄송합니다. 하지만 믿어지지 않습니다"라고 말했다. 어떤 경우에도 믿지 않으려는 사람들이 있다.

믿음은 실상과 증거이다

사람들은 보이지 않는 것을 믿기 어려워한다. 그러나 하나님나라는 보이지 않는 나라이다. 우리는 보이지 않는 하나님나라를 믿음의 눈으로 봐야 한다.

예수님은 자신이 누구인지 증명하는 여러 증언을 하셨다. 예수님은 우리에게 맹목적으로 자신을 믿으라고 하지 않으신다. 진정한 믿음 역시 맹목적이지 않다. 믿음은 실상이며 증거이다. 성경은 "믿음은 바라는 것들의 실상이요 보지 못하는 것들의 증거니"히 11:1라고 말한다. 예수님은 니고데모에게 "사람이 거듭나지 아니하면 하나님나라를 볼 수 없느니라"요 3:3라고 말씀하셨다.

하나님나라를 보는 것은 바람을 보는 것과 같다. 바람은 우리의 육안으로 직접 볼 수 없지만 실재한다. 바람이 불면 나뭇가지가 흔들리는 것을 볼 수 있고 그 소리를 들을 수 있다. 바람의 모습이 직접 보이는 것은 아니지만 바람이 끼치는 영향은 직접 보고 들을 수 있다. 이것이 바로 바람과 같이 보이지 않는 것의 증거이다.

> 바람이 임의로 불매 네가 그 소리를 들어도 어디서 오며 어디로 가는지 알지 못하나니 성령으로 난 사람은 다 이러하니라 요 3:8

성령은 보이지 않는 존재이다. 우리가 성령으로 나면, 하나님께서 우리의 영안靈眼을 열어서 하나님나라를 보게 하신다. 우리가 하나님나라를 믿음의 눈으로 볼 때, 우리는 성령님이 우리의 안팎에서 일하시는 것을 볼 수 있다.

예수님이 보여주신 삶과 가르침과 사역은 그분이 하나님의 아들임을 증명하는 참된 증거이다. 따라서 예수님을 증명하는 외적 증거가 필요하지 않다. 하지만 우리가 예수님을 믿고 구원받게 하시려고, 예수님은 자신을 증명하는 또 다른 증거를 제시하셨다.

예수님은 "내가 만일 나를 위하여 증거하면 내 증거는 참되지 아니하되"요 5:31라고 하셨다. 그런데 이 말씀은 예수님이 자신을 증언하면 그 증언이 진실하지 않다는 뜻이 아니다. 좀 더 타당하게 증언을 수용하는 기본 규범에 대해 말씀하신 것이다. 법정에서 증인의 증언은 보충 증거와 일치해야 한다. 그뿐만이 아니라 증언을 확증할 만한 다른 증거 또한 충분해야 한다.

그러나 예수님은 "내가 나를 위하여 증거하여도 내 증거가 참되니"요 8:14라고 말씀하셨다. 예수님은 진리이시기 때문에 그분의 증언도 진리이다. 예수님 자체가 진리이시기 때문에 예수님은 자신을 증거하는 참된 증인이시다. 따라서 예수님의 증언은 유일하게 다른 보충 증거 없이도 참된 증거가 될 수 있다.

복음서에는 아무런 보충 증거 없이 단지 그리스도를 본 것만으로 주님을 믿은 사람들이 등장한다. 그중 한 사람이 백부장이다. 예수님은 백부장의 집으로 가서 그의 병든 하인을 위해 기도해주려고 하셨다. 그런데 백부장은 다음과 같은 말로 사양했다.

> 주여 내 집에 들어오심을 나는 감당치 못하겠사오니 다만 말씀으로만 하옵소서 그러면 내 하인이 낫겠삽나이다 나도 남의 수하에 있는 사람이요 내 아래도 군사가 있으니 이더러 가라 하면 가고 저더러 오라 하면 오고 내 종더러 이것을 하라 하면 하나이다 마 8:8,9

예수님은 백부장의 믿음에 놀라시며, 이스라엘 중 아무에게서도 이만한 믿음을 만나보지 못했다고 말씀하셨다(마 8:10). 백부장은 이방인, 즉 믿음의 언약 밖에 있는 사람이었다. 그러나 예수님은 그의 믿음이 이스라엘 사람의 믿음보다 크다고 말씀하셨다. 그의 병든 하인은 예수님이 "가라 네 믿은 대로 될지어다"마 8:13라고 하신 바로 그 순간에 나았다.

예수님은 다른 보충 증거 없이 자신을 하나님의 아들로 인정하는 사람을 볼 때 놀라신다. 그러나 예수님을 참모습 그대로 보는 눈을 가진 사람을 만나기는 쉽지 않다.

예수님을 증거하는 네 증인

예수님은 자신의 참모습을 보지 못하고 증거를 요구하는 사람들을 위해, 자신이 아버지와 동등함을 증언하는 다른 증인을 세우셨다. 또 자신의 부활 이후에 나올 다른 증인들에 대해서도 말씀하셨다.

첫째, 세례 요한의 증언

세례 요한은 그리스도를 증거한 구약의 마지막 선지자이다. 그는 주의 길을 곧게 하라고 광야에서 외치는 자의 소리였다(막 1:3). 예수님도 여자가 낳은 자 중에 세례 요한보다 더 큰 이가 없다고 말씀하셨다(마 11:11).

그는 백성의 마음을 준비시키러 온 선구자였다. 그는 담대하고 힘 있게 회개를 촉구하며 회개의 세례를 베풀었다. 그러나 세례를 받으러 온 많은 바리새인과 서기관들에게는 "독사의 자식들아 누가 너희를 가르쳐 임박한 진노를 피하라 하더냐"마 3:7라고 말하며 회개에 합당한 열매를 맺으라고 경고했다(마 3:8). 그는 허울뿐인 종교적 형식주의와 전통을 믿지 말고 회개하도록 촉구했다.

요한은 예수께서 자신에게 세례 받으러 나오시는 것을 보고 예수님이 성령으로 세례 주는 분이심을, 그가 바로 하나님의 아들이심을 공개적으로 증언했다.

> 보라 세상 죄를 지고 가는 하나님의 어린양이로다 내가 전에 말하기를 내 뒤에 오는 사람이 있는데 나보다 앞선 것은 그가 나보다 먼저 계심이라 한 것이 이 사람을 가리킴이라 요 1:29,30

그 후로 대제사장과 서기관과 장로들이 예수님께, 무슨 권세로 이런 일을 하는지, 누가 이런 일할 권세를 주었는지 예수님의 권세에 대해 논란을 벌일 때, 예수님은 요한의 세례가 하늘로부터 온 것인지 사람에게서 온 것인지 반문하셨다.

대제사장과 서기관과 장로들이 서로 의논하였지만, 요한의 세례가 하늘로부터 온 것이라 하면 예수님이 "어찌하여 저(요한)를 믿지 아니하였느냐"막 11:31라고 할 것이요, 사람에게서 온 것이라 하면 세례 요한을 참 선지자로 믿는(마 21:26 ; 막 11:32 ; 눅 20:6) 백성들이 돌로 칠까 하여 그들은 결국 모르겠다고 대답했다. 그러자 예수님 역시 자신이 무슨 권세로 이런 일을 하는지 그들에게 대답하지 않겠다고 말씀하신 바 있다.

둘째, 예수님의 일

예수님은 그 누구도 행한 적이 없는 수많은 기적을 행하셨다. 사람들은 예수님이 행하신 기적에 대해 반론을 제기할 수 없었다. 예수님은 믿지 않는 유대인들에게 이렇게 말씀하셨다.

> 만일 내가 내 아버지의 일을 행치 아니하거든 나를 믿지 말려니와 내가 행하거든 나를 믿지 아니할지라도 그 일은 믿으라 그러면 너희가 아버지께서 내 안에 계시고 내가 아버지 안에 있음을 깨달아 알리라 요 10:37,38

예수님은 자신을 믿지 않더라도 최소한 예수님이 하시는 일은 믿어서 예수님이 하나님의 아들임을 알고 또 믿으라고 말씀하셨다. 예수님의 기적은 예수님이 하나님의 아들이시라는 분명하고 확실한 증거이다.

니고데모는 하나님이 함께하시지 않으면 그 누구도 예수님이 행하신 기적을 행하지 못하리라고 말했다. 그러나 사람이 하나님에 대해 마음이 완악해지면 아무리 많은 기적을 보아도 그리스도를 따르지 않는다. 이 경우, 기적은 그 사람에게 불리한 증거가 되는데, 기적을 믿지 않는 것이 이들의 마음이 완악해졌음을 증거하기 때문이다.

예수 그리스도에 관한 증거를 보고도 그리스도를 믿지 않는다면, 이는 증거가 부족해서가 아니다. 그것은 사람의 마음이 완악해져서 그런 것이다. 예수님도 "사람이 하나님의 뜻을 행하려 하면 이 교훈이 하나님께로서 왔는지 내가 스스로 말함인지 알리라" 요 7:17라고 말씀하셨다. 진정한 문제는 '하나님의 뜻을 행하기 원하는가?' 하는 것이다. 하나님이 원하시는 일을 할 뜻이 없다면 아무리 수많은 기적을 보더라도 믿지 못할 것이다. 예수님은 악하고 음란한 세대가 표적을 구한다고 말씀하셨다.

확신을 가지려면 얼마나 많은 기적이 필요할까? 하나님께 순종하려는 마음이 없으면 기적 그 자체만 가지고는 어떤 확신도 가질 수 없다.

순종하려는 의지가 없으면, 한 가지 기적을 보든지 천 가지 기적을 보든지 아무것도 달라지지 않는다. 그러나 예수님을 보고 그분을 믿은 사람에게 기적은 그리스도의 영광을 나타낸다. 기적은 예수님이 누구신지 확실히 증거한다.

셋째, 아버지의 증언

> 나를 보내신 아버지께서 친히 나를 위하여 증거하셨느니라 너희는 아무 때에도 그 음성을 듣지 못하였고 그 형용을 보지 못하였으며 요 5:37

아버지의 형상이시며 하나님의 아들이신 예수님은 아버지께서 친히 자신을 위하여 증언하신다고 하셨다.

> 너희 율법에도 두 사람의 증거가 참되다 기록하였으니 내가 나를 위하여 증거하는 자가 되고 나를 보내신 아버지도 나를 위하여 증거하시느니라 요 8:17,18

바리새인들이 "네 아버지가 어디 있느냐?"라고 묻자, 예수님은 "너희는 나를 알지 못하고 내 아버지도 알지 못하는도다 나를 알았더면 내 아버지도 알았으리라"요 8:19라고 말씀하셨다. 바리새인들은 예수님을 알아보지 못했기 때문에 그분을 통해 말씀하시는 아버지의 음성도 듣지 못하고 그분의 형상도 보지 못했다. 예수님은 제자들에게 말씀하셨다.

너희가 나를 알았더면 내 아버지도 알았으리로다 이제부터는 너희가 그를 알았고 또 보았느니라 요 14:7

그때 빌립이 "주여 아버지를 우리에게 보여주옵소서 그리하면 족하겠나이다" 요 14:8 라고 하자 예수님이 빌립에게 말씀하셨다.

빌립아 내가 이렇게 오래 너희와 함께 있으되 네가 나를 알지 못하느냐 나를 본 자는 아버지를 보았거늘 어찌하여 아버지를 보이라 하느냐 요 14:9

넷째, 성경의 증언
예수님은 성경이 자신이 누구인지 증언한다고 말씀하셨다.

너희가 성경에서 영생을 얻는 줄 생각하고 성경을 상고하거니와 이 성경이 곧 내게 대하여 증거하는 것이로다 요 5:39

그러나 사람들은 예수님을 알아보지 못했고 그분께 나오려 하지 않았다.

이 구원에 대하여는 너희에게 임할 은혜를 예언하던 선지자들이 연구하고 부지런히 살펴서 자기 속에 계신 그리스도의 영이 그 받으실 고난과 후에 얻으실 영광을 미리 증거하여 어느 시, 어떠한 때를 지시하시는지

> 상고하니라 이 섬긴 바가 자기를 위한 것이 아니요 너희를 위한 것임이 계시로 알게 되었으니 이것은 하늘로부터 보내신 성령을 힘입어 복음을 전하는 자들로 이제 너희에게 고한 것이요 천사들도 살펴보기를 원하는 것이니라 벧전 1:10-12

구약의 선지자들은 성령의 감동으로 예수님을 예언했다. 하나님의 약속은 때가 차매 하나님의 아들 예수 그리스도께서 오심으로 성취되었다. 예수님의 십자가 죽음과 부활과 승천을 통해, 예수님에 관한 수많은 구약의 예언이 성취되었다.

부활하신 후에 예수님은 엠마오로 가는 두 제자에게 나타나셨으나 그들의 눈이 가려져서 예수님을 알아보지 못했다(눅 24:16). 두 제자가 그리스도의 십자가 죽으심에 대해 통탄해하자 이를 들으신 예수님이 이들에게 말씀하시고 성경을 풀어주셨다.

> 미련하고 선지자들의 말한 모든 것을 마음에 더디 믿는 자들이여 그리스도가 이런 고난을 받고 자기의 영광에 들어가야 할 것이 아니냐 하시고 이에 모세와 및 모든 선지자의 글로 시작하여 모든 성경에 쓴 바 자기에 관한 것을 자세히 설명하시니라 눅 24:25-27

다른 두 증인

최후의 만찬을 나누던 밤, 예수님은 제자들의 발을 씻기시고 자신에 관해 증언하는 두 증인에 대해 더 말씀하셨다.

첫째, 예수님은 '성령'이 오시면 그가 자신을 증거하신다고 말씀하셨다(요 15:26). 오실 성령님은 자신의 마음대로 말씀하시는 것이 아니라 오직 들은 바를 말씀하실 것이며, 예수님의 영광을 나타내실 것이라고 말씀하셨다(요 16:13,14).

둘째, 예수님은 자신과 처음부터 함께한 '제자들'이 증인이 되리라고 말씀하셨다(요 15:27). 예수님이 부활하신 후에 제자들에게 하신 말씀을 보라.

> 오직 성령이 너희에게 임하시면 너희가 권능을 받고 예루살렘과 온 유대와 사마리아와 땅끝까지 이르러 내 증인이 되리라 행 1:8

제자들은 예수님이 사역을 시작하실 때부터 예수님과 함께했다. 부활하신 예수님을 손으로 만지고, 눈으로 보았으며, 예수님의 음성을 직접 들었다. 예수님이 승천하시는 모습을 목격한 증인이기도 했다. 제자들은 성령으로 세례를 받았고, 예수님의 증인이 되는 능력을 받았다.

베드로도 "우리 주 예수 그리스도의 능력과 강림하심을 너희에게 알게 한 것이 공교히 만든 이야기를 좇은 것이 아니요 우리는 그의 크신 위엄을 친히 '본 자' eyewitnesses라"벧후 1:16라고 말했다.

성별된 예배자가 돼라

예수님은 세례 요한에 대해 말씀하셨다.

> 그러면 너희가 무엇을 보려고 나갔더냐 부드러운 옷 입은 사람이냐 부드러운 옷을 입은 자들은 왕궁에 있느니라 그러면 너희가 어찌하여 나갔더냐 선지자를 보려더냐 옳다 내가 너희에게 이르노니 선지자보다도 나은 자니라 마 11:8,9

세례 요한은 성별聖別된 삶을 살았다. 그는 광야에서 지내며 메뚜기와 석청을 먹었다. 옷은 낙타 털옷에 허리에는 가죽 띠를 둘렀다. 그는 겉치장에 신경 쓰지 않았고 완전히 하나님만 의식했다. 예수님은 요한이 선지자라고 말씀하셨다. 또한 선지자보다 더 나은 사람이라고도 말씀하셨다. 요한의 삶은 그 자체로 "너희는 살아 있다고 여기지만 사실은 영적 광야에서 죽은 자들이다"라는 메시지를 담고 있었다. 세례 요한은 오직 하나님께만 속한, 완전히 성별된 자의 모습으로 살아갔다. 그는 자신의 갈망에 대해 죽고 하나님의 갈망에 대해 산 사람이었다.

우리는 이런 세례 요한의 생활 방식을 대할 때 마음이 불편하다. 그러나 하나님께서는 요한과 같은 사람에게 하나님나라의 메시지를 전하는 역할을 맡기신다. 세례 요한처럼 자기 일을 버리고 천국의 일을 받아들일 수 있는가? 그렇다면 하나님은 당신에게 기름을 부으시고 자신의 영광을 나타내는 훌륭한 그릇으로 사용하실 것이다. 물론 고난도 따르겠지만 그 어려움보다 훨씬 큰 상급이 우리를 기다리고 있다. 우리가 신자로서 겪는 현재의 고난은 장차 우리에게 나타날 영광에 비하면 아무것도 아니다(롬 8:18).

세례 요한의 사역은 우리가 세상에 대해 죽어야 함을 보여준다. 하지만 하나님이 지금 당신에게 불편한 옷을 입고 광야에서 살라고 요구하시지는 않는다. 메뚜기와 석청만 먹으라고 하지도 않으실 것이다. 그러나 하나님은 우리가 '절제하는 삶' fasted lifestyle을 살도록 부르신다. 절제하는 삶이란 하나님의 은혜를 경험하는 일에 집중하는 삶이며 하나님의 열심을 따라 사는 삶이다.

구약의 선지자들은 성령의 감동으로 성경을 기록하면서 그리스도에 관해 예언했지만, 자신들이 예언하는 내용을 완전히 이해하지는 못했다. 이들은 그리스도에 대해 궁금해 하면서 메시아가 오실 날을 고대했다.

예수님을 처음으로 공개 증언한 세례 요한도 성령이 예수님에게 내려오시고 하나님께서 "이 사람이 그니라"라고 말씀하신 후에야 예수님이 메시아이신 줄 알았다고 증언했다.

> 요한이 또 증거하여 가로되 내가 보매 성령이 비둘기 같이 하늘로서 내려와서 그의 위에 머물렀더라 나도 그를 알지 못하였으나 나를 보내어 물로 세례를 주라 하신 그이가 나에게 말씀하시되 성령이 내려서 누구 위에든지 머무는 것을 보거든 그가 곧 성령으로 세례를 주는 이인 줄 알라 하셨기에 내가 보고 그가 하나님의 아들이심을 증거하였노라 하니라
>
> 요 1:32-34

예수님을 어떻게 알아보는가? 영은 영적으로 분별해야 한다. 영적인 사람이 되려면 성령의 능력, 성별된 삶의 능력이 필요하다. 하나님은 들

을 귀가 있는 자들에게 말씀하신다. 하나님이 성별된 예배자에게 말씀하시면, 그 예배자는 하나님의 말씀을 듣는다. 또 성별된 예배자에게 자신을 나타내시면, 그가 곧 하나님을 볼 것이다.

증인이 되는 삶

예수님은 하나님나라에서는 가장 작은 자라도 세례 요한보다 크다고 말씀하셨다(마 11:11). 예수님이 맺은 열매인 우리는 요한보다 더 탁월하게 예수님을 증거해야 한다. 그러나 이 일은 저절로 되는 것이 아니다. 우리가 하늘의 기름부음을 받는 자리에 있어야 한다. 그리스도 안에서 진정한 자기 정체성을 깨닫고 자신의 영적 유업과 사명과 소명을 발견해야 한다. 복음을 위해 자신의 삶을 내려놓아야 한다.

예수님은 제자들에게 "너희가… 내 증인이 되리라"행 1:8라고 말씀하셨지 나를 증거하는 다양한 활동에 참여하라고 말씀하지 않으셨다. 증인은 하고 싶어서 '하는' 것이 아니라 '되는' 것이다.

오순절에 마가의 다락방에 모인 사람들이 간절히 성령을 기다렸던 것처럼 우리는 하나님이 우리를 만나주시고 우리의 삶을 바꿔주시기를 고대해야 한다. 하나님을 만나야만 우리가 힘을 얻고 주님의 은혜를 증거하는 '믿을 만한' 증인이 된다. 삶을 변화시키시는 주님을 만난 사람에게는 다른 이들과 나누고 싶은 자신만의 체험담이 생긴다.

모든 그리스도인은 하나님의 은혜를 증거해야 한다. 예수 그리스도와 만나면 삶이 달라지는 은혜를 경험하게 된다. 우리가 예수 그리스도와 대면하여 만날 때, 주님은 우리에게 자신을 나타내실 뿐만 아니라 우리를 변화시키신다. 그때 비로소 우리는 그분의 증인이 된다.

성별과 희생을 드리는 삶

우리가 스스로 성별하고 지속적으로 성령 안에 살 때 진정한 변화를 체험하게 된다. 사도 바울은 우리 자신을 하나님께 거룩한 산 제물로 드릴 것을 강조하면서, 이것이 영적 예배의 본질임을 역설했다.

> 내가 하나님의 모든 자비하심으로 너희를 권하노니 너희 몸을 하나님이 기뻐하시는 거룩한 산 제사로 드리라 이는 너희의 드릴 영적 예배니라
> 롬 12:1

예수님은 소년이 드린 보리떡 다섯 개와 물고기 두 마리로 오천 명을 먹이셨다. 이 소년은 예수께 나오면서 자신과 자신의 전부를 성별한 사람을 대표한다. 예수님을 따르던 제자들은 높은 수준의 교육을 받은 사람들이 아니었다. 이들은 어부였고 세리였다. 비천한 여인도 있었다. 뛰어난 웅변가도 아닌 그저 평범한 사람들이었다. 하지만 그리스도의 증인으로서 그들은 하나님나라를 위해 세상을 뒤집어엎었다. 예수님은 꼭 유능하고 세련되고 놀라운 재능이 있는 사람만을 찾지는 않으신다. 오직 그분을 성실하게 따르고 섬길 자를 찾으신다.

우리도 어린 소년처럼 주님 앞에 나와 자신의 소유를 드려야 한다. 자신의 소유를 예수님께 희생적으로 드릴 때, 예수님은 그것을 받으시고, 떼어 늘리신다. 예수님이 가시는 곳마다 표적과 기사가 따랐지만,

예수님은 느닷없이 기적을 행하시지는 않았다. 예수님은 우리가 무엇이든 단순하고 희생적인 믿음으로 그분께 성별하여 드리면 기뻐 받으시고, 그것을 토대로 기적을 행하실 때가 많다. 당신이 드린 것이 크든지 작든지, 예수님이 그것으로 어떤 일을 하실는지는 아무도 모른다.

우리가 하나님께 희생적으로 무언가를 드린다고 해서 드린 것에 백배를 돌려받는다는 보장은 없다. 믿음은 그런 식으로 역사하지 않는다. 예수께 자신의 전부를 드렸는데 즉각적인 기적이 일어나지 않더라도 실망하지 말아야 한다. 우리가 드리는 것은 그 자체로 의미가 있다. 우리가 최고의 믿음으로 예수께 반응할 때, 하나님이 높임을 받으시고 감동하신다.

희생의 예배는 항상 때가 되어야 열매를 맺는 법이다. 오랫동안 열매가 보이지 않을 때도 있다. 농부는 씨를 뿌리고 나서 싹이 나기를 기다린다. 하지만 어떤 씨앗은 싹이 더디게 트기도 한다. 싹이 나고 자라서 꽃이 피고 열매 맺기를 기다려야 한다. 포기하지 않고 인내하고 믿음으로 하나님을 기대하고 바라면, 마침내 때가 이르러 거두게 될 것이다.

하나님은 우리에게 자신을 구별하여 드릴 것을 요구하신다. 하나님은 자신의 영광을 위해 우리를 사용하기 원하신다. 하나님은 우리에게 성령을 부으시고 우리를 그분의 증인 삼기를 원하신다. 우리의 삶이 예수 그리스도가 누구인지 증거하기를 바라신다.

인간은 하늘의 계시가 없으면 예수님을 보지 못한다. 성령께서 우리를 조명해주셔야 한다. 그러나 예수님이 누구신지 알면 그분의 증인이 된다. 성령의 능력을 통해, 우리 안에 그리스도의 생명이 빛어지고 사람

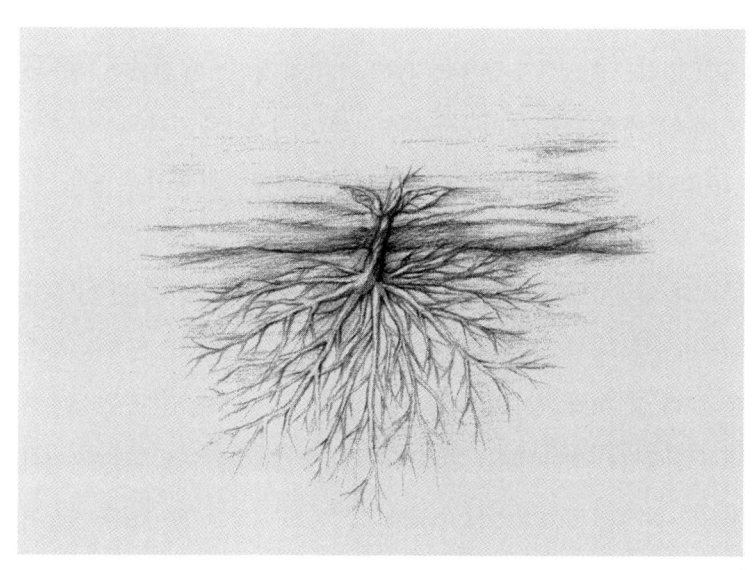

희생의 예배는 항상 때가 되어야 열매를 맺는 법이다.
오랫동안 열매가 보이지 않을 때도 있다.
하지만 포기하지 않고 인내하고 믿음으로 하나님을 기대하고 바라면,
마침내 때가 이르러 거두게 될 것이다.

들이 우리에게서 예수님을 보게 된다.

거룩한 사명에 동참하라

예수님은 물고기와 보리떡을 몇 천 배로 늘리는 기적을 홀로 행하셨지만, 기적을 행하시기 전에 제자들도 기적에 참여하게 하셨다. 예수님은 제자들에게 "우리가 어디서 떡을 사서 이 사람들로 먹게 하겠느냐"요 6:5라고 물으셨다. 하지만 제자들은 예수님이 무엇을 하실지 짐작조차 하지 못했다.

이때 빌립이 그곳에 모인 사람들을 조금씩이라도 먹이려면 이백 데나리온 어치의 떡으로도 부족하다고 말했다. 한 데나리온은 보통 하루 품삯이었고, 이백 데나리온이면 8개월 치 임금에 해당된다. 우리는 여기서 예수님이 행하시려는 기적의 크기를 가늠해볼 수 있다. 예수님이 하고자 하시는 일은 인간의 능력을 초월하는 것이다. 예수님은 자신이 구원하시고자 하는 사람들을, 제자들 역시 불쌍히 여겨 그들을 섬기게 하심으로써 제자들도 이 기적에 참여하도록 하셨다.

사실 예수님은 우리에게 아무 일도 시킬 필요가 없으시다. 주님은 무無에서 기적을 행하실 수 있다. 그분은 물고기와 보리떡에 의존하여 기적을 행하시는 분이 아니다. 주님이 말씀만 하셔도, 또는 아무 일도 행하지 않으셔도, 기적은 일어난다.

예수님이 이 기적을 통해 무엇을 가르치시는가? 자신의 거룩한 사명에 동참하도록 우리를 초대하신다. 예수님은 제자인 우리에게도 "너희가 먹을 것을 주어라"마 14:16라고 말씀하신다. 예수님이 "너희에게 무엇이 있느냐?"라고 물으실 때, 당신에게 아주 작은 것밖에 없더라도 예수님은 "그것을 나에게 달라"라고 하신다. "주님, 이게 제가 가진 전부입니다"라고 대답할 때, 예수님은 다시 명령하신다.

"그것을 나에게 달라!"

믿음을 가지고 자신이 가진 것을 주께 기꺼이 드려라. 그러면 주님의 멍에와 짐을 함께 지며 주님과 동역하게 된다. 예수님이 우리에게 그분의 사명에 동참하는 특권을 주신다.

예수님은 이렇게 말씀하신다.

> 이기는 그에게는 내가 내 보좌에 함께 앉게 하여주기를 내가 이기고 아버지 보좌에 함께 앉은 것과 같이 하리라 귀 있는 자는 성령이 교회들에게 하시는 말씀을 들을지어다 계 3:21,22

사도 요한은 승리한 성도들이 하늘 보좌에 앉아 있는 모습을 보았다.

> 또 내가 보좌들을 보니 거기 앉은 자들이 있어 심판하는 권세를 받았더라 계 20:4

예수님은 자신의 거룩한 사명에 동참하라고 당신을 초대하신다. 당신은 이 초대에 어떻게 응하겠는가?

WORSHIP ENCOUNTER

CHAPTER 12

십자가에서 승리하신
예수의 부르심이 들리는가?

언젠가 한 친구가 자신의 친척이 하는 일식집에서 회를 사준 적이 있다. 아주 맛깔스러워 보이는 상을 앞에 두고 식사를 하다가 친구가 내게 물었다.

"우니(성게 알) 먹어본 적 있어? 아주 맛이 좋은데!"

무례하게 굴고 싶지는 않았지만, 나는 음식을 권하는 친구에게, 과연 성게 알이 내 입맛에 맞을까 하는 마음으로 이렇게 물었다.

"어떤 맛인지 설명해줄 수 있겠어?"

그 친구는 몇 번이나 설명하려고 하다가 결국 이렇게 말했다.

"지금까지 먹어본 어떤 것과도 다른 맛일 걸? 시지도, 달지도, 짜지도, 쓰지도 않거든. 아주 독특하지. 아마 맛본 적이 없는 맛일 거야."

주위 사람들까지 한번 먹어보라고 거들었다. 결국 내가 먹어보겠다고 하자, 친구도 나와 같이 성게 알을 먹기 시작했다. 그는 내가 성게 알을 입에 넣고 씹는 모습을 유심히 살펴보았다. 사실, 모든 사람들이 매우 재미있다는 눈으로 나를 보고 있었다. 친구의 말처럼, 성게 알은 내가 먹어본 어떤 것과도 다른 맛이 났다. 정말 뭐라고 표현할 수 없는 맛이었다!

"어때요?"

사람들이 호기심어린 표정으로 물을 때 나는 이렇게 대답할 수밖에 없었다.

"직접 먹어보고 확인하세요!"

맛보아 알라

> 너희는 여호와의 선하심을 맛보아 알지어다 시 34:8

맛은 오감五感 중 하나이다. 하나님의 선하심은 말로 표현할 수 없다. 직접 맛보아야만 안다. 자신이 직접 체험해서 하나님을 알아야 한다.

하나님의 아름다움을 표현할 방법이 있을까? 하나님의 영광, 하나님의 거룩하심에는 우리가 반드시 체험해야 하는 매력적인 아름다움이 있다. 그 아름다움은 말로 형용하기 어렵다. 당신이 하나님을 진정으로 알기 원한다고 하면서 하나님 가까이 가기가 힘들다면, 당신이 아직 그분의 아름다움을 보지 못했다는 뜻이다. 그리스도의 아름다움을 보았다면 그분께 이끌리게 되고, 다른 것은 바라지 않게 된다. 하나님과 친밀한 교제를 나누었던 다윗에게 다른 것은 아무것도 필요하지 않았다.

> 내가 여호와께 청하였던 한 가지 일 곧 그것을 구하리니 곧 나로 내 생전에 여호와의 집에 거하여 여호와의 아름다움을 앙망하며 그 전에서 사모하게 하실 것이라 시 27:4

하나님과의 관계는 말로 표현하기가 어렵다. 다른 사람의 체험이 아무리 실감나더라도 우리가 그 사람의 체험으로 하나님을 알 수는 없다. 우리는 하나님의 은혜를 직접 경험함으로써 그분께 가까이 나아가야 한다.

> 하나님을 가까이하라 그리하면 너희를 가까이하시리라 약 4:8

하나님은 영과 진리로 자신을 계시하시며, 우리의 마음은 그분의 아름다움에 이끌린다. 우리가 믿음으로 하나님께 가까이 갈수록 하나님은 우리에게 더 가까이 다가오신다. 많은 사람들이 하나님 가까이 다가가지 못하는 이유는 신뢰가 부족하기 때문이다. 아담과 하와가 타락하자 그 결과 우리는 회복이 불가능할 정도로 하나님에 대한 신뢰를 잃어버렸다. 그러나 그리스도께서 오셔서 그 사이를 메우셨고 잃어버린 신뢰를 회복하셨다.

사탄은 그리스도인들을 포함한 많은 사람들에게, 자신의 삶을 하나님의 뜻에 무조건 복종시키면 비참해질 것이며 영원히 곤경에 처할 것이라고 거짓말한다. 그런데 많은 사람들이 원수의 이 뻔한 거짓말에 속아서 그리스도 안에서 누려야 할 우리의 영적 유업, 곧 하나님과의 친밀함을 누리지 못한다.

하나님의 부르심을 듣고 순종하는가?

하나님의 전殿에 누운 어린 사무엘이 누군가 자신을 부르는 소리를 들었다.

"사무엘아, 사무엘아!"

사무엘은 엘리 대제사장이 부르는 줄 알고 계속 그를 찾아갔다. 사무엘이 아직까지 하나님이 부르시는 소리를 알아채지 못한 것이다. 이 같은 일이 세 번 반복되자 엘리 대제사장은 사무엘에게 "그가 너를 부르시거든… 여호와여 말씀하옵소서 주의 종이 듣겠나이다"삼상 3:9라고 답하라고 일렀다. 사무엘은 또다시 자신을 부르시는 음성을 듣자 드디어 하나님의 음성에 응답했다.

"말씀하옵소서. 주의 종이 듣겠나이다."

하나님은 어린 사무엘이 대답하기 전까지 사무엘의 이름만 부르셨다. 사무엘에게 이를 말씀이 많으셨지만 사무엘이 하나님의 음성을 알아챌 때까지 이름만 부르시고 다른 아무것도 말씀하지 않으셨다.

하나님은 우리에게도 하실 말씀이 많으시다. 그런데 당신은 하나님을 인식하는가? 누가 당신을 부르는지 깨닫고 거기에 순종하는가? 하나님은 우리가 순종의 제사를 드릴 때까지 이름만 부르실 뿐 다른 말씀을 하지 않으신다. 우리의 마음이 완악해져서 하나님의 세미한 음성을 들지 못하고 그분을 인정하지 못한다면, 하나님은 침묵하신다. 그러므로 우리는 하나님을 찾고 찾아야 한다.

> 하나님의 은사와 부르심에는 후회하심이 없느니라 롬 11:29

이것은 하나님이 누군가를 부르시면 하나님의 부르심이 번복되지 않는다는 것을 의미한다. 그렇지만 하나님의 부르심에 어떻게 반응하느냐는 우리의 몫이다. 예수님은 "무릇 많이 받은 자에게는 많이 찾을 것이요 많이 맡은 자에게는 많이 달라 할 것이니라"눅 12:48라고 말씀하셨다. 맡은 자들에게 구할 것은 충성이다(고전 4:2). 예수님은 "청함을 받은 자는 많되 택함을 입은 자는 적으니라"마 22:14라고 말씀하셨다. 복음도 모든 사람에게 거저 주어졌으나 모든 사람이 주님의 부르심에 반응한 것은 아니다.

복음은 단순히 동의의 대상이 아니라 순종의 대상이다. 바울은 하나님께서 복음에 순종치 않는 자들에게 벌을 내리시리라고 말했다(살후 1:8). 베드로도 하나님의 복음에 순종치 않은 자들의 마지막에 대해 경고했다(벧전 4:17). 우리는 그리스도의 제자로서 주님의 부르심에 온전히 반응하고 전심으로 순종해야 한다.

요나 선지자도 처음에는 하나님의 명령을 따르려고 하지 않았다. 그는 하나님의 부르심을 회피하여 반대 방향으로 도망쳤다. 그러나 큰 물고기 배 속에서 하나님께 부르짖어 구원함을 받았다. 이로써 요나는 자비로운 하나님의 마음을 알게 되고, 하나님의 부르심에 순종하게 된다.

그런데 만약 요나가 처음부터 하나님의 말씀에 순순히 따랐다면 어떻게 되었을까? 카이로스의 순간을 놓치지 않고 그 순간을 붙잡았다면 어떻게 되었을까? 그것은 누구도 알 수 없다. 물론 선하신 하나님은 우리가 하나님의 카이로스를 놓친 그 순간에도 계속해서 일하시며 우리의 삶에서 모든 영광을 받으신다.

그러나 우리가 처음부터 사랑과 신뢰로 하나님의 부르심에 반응하고, 그분 안에서 천국의 목적을 이루는 것, 하나님은 그것을 가장 바라신다.

나의 부르심

나는 기독교 가정에서 자라났다. 부모님 모두 기독교를 믿는다고 하는 가정에서 자라셨지만, 두 분은 결혼하고 난 지 얼마 안 되어 어느 목사님의 간증을 듣고 그리스도를 영접하고 거듭나셨다. 그때 어머니는 나를 임신하고 계셨다. 아버지는 내가 다섯 살 때, 그리스도를 믿는 구원의 지식으로 나를 이끌어주셨다.

나는 열두 살 때, 뉴멕시코 산지에서 열린 청소년 여름 수련회에서 나의 전부를 주님께 바치라는 음성을 들었다. 하나님의 부르심은 그 어떤 경험보다 명확해서 결코 의심할 수 없고 흔들리지도 않았다. 그것은 내 인생의 결정적인 순간이었다. 나를 완전히 성별聖別하여 드리라는 부르심을 받았기 때문이다. 그 주 내내 복음전도자가 전해준 말씀만이 끊임없이 내 귓가에 울렸다.

> *누구든지 자기 십자가를 지고 나를 좇지 않는 자도 능히 나의 제자가 되지 못하리라 … 이와 같이 너희 중에 누구든지 자기의 모든 소유를 버리지 아니하면 능히 내 제자가 되지 못하리라* 눅 14:27,33

나는 내가 거듭났으며 주님을 사랑한다고 믿었다. 그러나 이것은 상당히 다른 문제였다. 이 부르심은 전적으로 주님을 따르며, 오직 그분의 주권적인 목적만을 위해 살도록 나를 구별하라는 부르심이었다. 나는 마음속으로 물었다.

'왜 저입니까?'

나는 하나님을 사랑했고 하나님의 구원에 감사했지만, 내가 생각하는 '평범한' 삶을 살고 싶었다. 나는 그리스도인이고 싶었으나 나의 미래는 '자유롭게' 선택하고 싶었다. 나는 '내가 왜 목사가 되어야 하는가? 내가 원하는 방법으로 하나님을 섬길 수는 없는가?' 하고 하나님을 원망했다.

나는 조언을 구하기 위해 담임목사님을 찾아갔다. 그리고 목사님도 하나님께서 나를 사역자의 길로 부르신다고 생각하시는지 물어보았다. 내가 묻자마자, 목사님은 "사무엘아, 사무엘아"라고 부르시는 하나님의 음성이 들렸다고 하셨다. 그 순간 나는 하나님이 나의 믿음 없음을 기뻐하지 않으신다는 것을 깨달았다. 그때 목사님은 내게 필요한 조언을 해주셨다. 하지만 나는 그 조언에 관심이 없었다. 왜냐하면 내가 바란 것은 그게 아니었기 때문이다. 하나님은 나를 부르셨지만, 나는 그 부르심을 뿌리치고 싶어서 사람에게 조언을 구한 것이다.

하나님이 당신을 부르실 때, 제3자에게 조언을 구하는 것은 아무 소용이 없다. 하나님께서는 그 부르심을 무르지 않으신다. 하나님의 은사와 부르심에는 후회하심이 없다. 당신이 태어나기도 전에, 하나님은 이미 당신의 삶을 위한 주권적인 목적을 정해놓으셨다.

우리의 삶을 향한 하나님의 목적을 성취하며 살 때까지, 인간은 결코 행복할 수 없다. 우리는 삶의 작은 부분 하나까지 하나님을 완전히 신뢰하는 법을 배워야 한다. 이런 믿음이 그분을 기쁘시게 한다.

그리스도께 항복하다

그 청소년 수련회에서 다른 친구들은 그리스도께 자신의 삶을 헌신하라는 복음전도자의 초청에 눈물을 흘리며 강단으로 달려 나갔다. 나는 또래 아이들이 하나님께 뜨겁게 반응하는 것을 보면서 더 깊이 자책했다.

'나는 왜 저렇게 못할까?'

그때 내가 앞줄 의자의 등받이를 두 손으로 단단히 붙잡았던 기억이 난다. 그 아이들과 같은 경험을 하고 싶은 마음은 간절했으나 그러려면 내 전부를 드려야 하고, 나는 누구보다 그 점을 잘 알았다.

그 후 몇 달 동안, 나는 하나님의 부르심을 없던 일로 만들 수만 있다면, 그렇게 할 수 있다고 생각되는 일이라면 무엇이든 했다. '내가 착한 일에 열중하면 하나님이 만족하시고 내 삶을 바치라고 요구하지 않으실 거야'라는 헛된 생각을 하기도 했다.

침례교회에서는 예배 후에 목사님이 제단 앞으로 성도들을 초청하는 것이 관례였다. 그래서 나는 제단 앞으로 나가 내 삶을 그리스도께 공개적으로 다시 바쳤다. 이 일로 교인들은 하나같이 나를 칭찬했지만, 나는 내가 위선자처럼 느껴졌다. 아직까지 그리스도를 위해 내 모든 것을 버리기 꺼리는 마음이 내 안에 있었기 때문이다.

나는 친구들에게 그리스도를 전하고 그들을 교회로 인도했다. 그러나 나의 어떤 행위로도 하나님의 부르심을 번복할 수는 없었다. 나는 최후의 방법으로 하나님의 음성으로부터 도망쳐보았다. 하나님은 더 이상 나를 "사무엘아!"라고 부르지 않으셨다. 이제 하나님은 나를 "요나"라고 부르셨다.

나는 6년 동안 하나님으로부터 도망치다가 열여덟 살이 되던 해, 베일러 대학 1학년을 마치고 맞은 여름 방학 때, 더 이상 도망칠 수 없음을 깨닫고 그리스도께 항복했다. 하지만 그때까지만 해도 하나님과의 친밀한 관계가 진정으로 무엇을 의미하는지 상상하지도 못했다.

나는 하나님께 기도했다.

"제가 하나님을 마땅히 사랑하지 않는다는 것을 하나님은 아십니다. 맞습니다. 저는 하나님의 뜻이 아니라 제 뜻을 이루려 했습니다. 그러나 이제 변화되기를 원합니다. 하나님을 갈망하기 원합니다."

그리스도와 깊은 사랑에 빠지다

눈에 띄는 변화 없이 몇 주가 지났다. 그때 불현듯 든 생각이 있다.

'하나님이 내 갈망의 대상을 바꾸시려면 먼저 말씀을 읽고자 하는 마음을 주실 거야.'

그래서 이번에는 성경을 들고 기도했다.

"주님, 제 모든 생각을 잠시 내려놓고 성경을 처음 보듯이 말씀 하나하나를 새롭게 보겠습니다. 주님의 말씀이 저를 찌르더라도 그렇게 하겠습니다."

나는 마태복음을 시작으로 복음서를 깊이 읽어나갔다. 하나님이 내 눈에서 비늘을 벗겨내시는 것 같았다. 나는 난생처음인 양 예수님을 보기 시작했다. 정말 예수님을 처음 보는 것 같았다. 마침내 그리스도께서 세상의 죄 때문에 십자가에서 자신을 거저 내어주시는 부분에 이르렀을 때, 나는 엉엉 울고 말았다. 그리스도께서 바로 내 죄 때문에 죽으신 것을 분명히 깨달았다. 그러자 그리스도의 겸손과 사랑과 아름다움이 보였고 더 이상 나 자신에게 초점을 맞추지 않게 되었다. 내 눈에는 오직 예수님밖에 보이지 않았다.

이 체험을 통해, 나는 성령으로 세례를 받았고 그리스도께 깊이 헌신했다. 자기 집착에서 완전히 벗어나 그리스도와 깊은 사랑에 빠지게 되었다. 예수님은 점차 나의 전부가 되셨고, 나는 기도의 영에 사로잡혀 날마다 몇 시간씩 그리스도와 교제했다. 이 경험이 지금 내가 걷고 있는 길로 나를 이끌었다.

사랑하지 않을 수 없는 분

예수님은 우리 죄를 지신 하나님의 어린양이시다. 예수님은 건강하지 못한 자기 집착에서 우리를 구해내신다. 죄성의 본질은 자기 자신에게 초점을 맞추는 것이다. 죄로 인해 우리는 자신의 의지와 욕망에 사로

잡히고 만다. 죄는 우리가 하나님을 보는 방식과 세상과 자신을 보는 방식을 바꿔놓았다.

그러나 그리스도의 명령과 권세 아래 사는 것은 우리의 타락한 본성과는 완전히 이질적인 것이다. 우리는 오직 은혜로 신뢰를 회복한다. 이 은혜의 역사는 우리 죄를 지신 하나님의 어린양을 바라볼 때 일어난다.

하나님은 절대로 죄를 눈감아주거나 묵인하지 못하신다. 하나님은 거룩하시기 때문에 반드시 죄를 벌하셔야만 한다. 그리스도께서는 십자가에서 우리 대신 형벌을 받으심으로써 우리의 죄를 사하셨다. 죄는 저주를 부른다. 예수님은 십자가에서 우리의 죄를 친히 지시고 기꺼이 저주를 받으셨다. 우리가 예수 그리스도 안에서 그분의 복을 받게 하기 위해서 그리하셨다.

> 그리스도께서 우리를 위하여 저주를 받은 바 되사 율법의 저주에서 우리를 속량하셨으니 기록된 바 나무에 달린 자마다 저주 아래 있는 자라 하였음이라 이는 그리스도 예수 안에서 아브라함의 복이 이방인에게 미치게 하고 또 우리로 하여금 믿음으로 말미암아 성령의 약속을 받게 하려 함이니라 갈 3:13,14

예수님은 우리의 저주를 대신 받으시고 우리는 그분의 축복을 받는다. 참 불공평하다. 하지만 주님의 자비는 공의를 훨씬 초월한다. 우리는 이런 복을 누릴 자격이 없지만, 하나님의 어린양을 바라볼 때 우리는 완전히 회복된다. 그분의 사랑이 아름답고 그 무엇과도 비교할 수 없다는 것을 알게 된다. 일단 그리스도를 바라보면 그분을 사랑하지 않을 수 없다. 그리스도를 사랑하지 않는다면, 당신은 아직 그분을 진정으로 보지 못한 것이다!

십자가에 못박힌 예수를 보라

예수님은 완전하고 의로우시다. 그분은 절대로 불순종하지 않으신다. 예수님은 모든 부분에서 우리처럼 시험을 받으셨으나 죄는 없으셨다(히 4:15). 예수 그리스도는 전혀 죄를 짓지 않으셨으나 죄가 무엇인지는 아신다. 그 예수님이 십자가에서 기꺼이 우리의 죄를 지셨다. 주님은 십자가에서 상징적으로 우리의 죄를 지신 게 아니라 실제로 우리의 죄가 되셨다.

> 하나님이 죄를 알지도 못하신 자로 우리를 대신하여 죄를 삼으신 것은 우리로 하여금 저의 안에서 하나님의 의義가 되게 하려 하심이니라
> 고후 5:21

예수님이 형벌을 받으실 때, 우리의 죄가 완전한 심판과 형벌을 받았다. 예수님의 손과 발이 십자가에 박혔다. 형벌을 받아 마땅한 사람은 예수님이 아니라 바로 우리인데도 그리스도께서 값없이 우리의 형벌을 대신 받으셨다. 죄가 그렇게 심각한 문제가 아니었다면, 그리스도께서 죽으실 필요도 없었을 것이다. 그러나 그리스도께서는 죽음을 선택하셨다. 그 정도로 죄는 심각했다.

그러나 예수님은 저항하지 않으시고 형벌을 받아들이셨다. 실제로 친히 죄를 지셨다. 그리스도께서 형벌을 받으신 것도 놀라운데, 죄를 담당하셨다는 사실은 더욱 놀랍다. 예수님이 죄가 없으신데도 우리의 죄를 지고 형벌을 대신 받으신 사실을 우리가 완전히 이해할 수는 없다. 하나님이 어떻게 이렇게 하실 수 있는가?

이뿐만이 아니다. 그리스도께서는 우리의 죄를 지시고 놀라운 한 가지를 우리에게 더 주셨다. 그것은 바로 하나님의 의義이다. 하나님의 신성한 은혜의 교환을 통해, 예수님은 우리의 죄를 지시고 우리에게 자신의 이름과 성품을 주신다. 은혜는 분명히 기적이다.

예수님은 희생자가 아니셨다. 자의로 십자가를 견디셨다. 그런데도 십자가는 불의함을 의미한다. 예수님이 십자가의 수치와 공포를 당할 이유가 없는 분이시기 때문이다. 예수님은 죽어 마땅한 분이 아니셨다. 예수님을 배척한 사람들이 오히려 형벌을 받아 마땅했다.

> 우리는 다 양 같아서 그릇 행하여 각기 제 길로 갔거늘 여호와께서는 우리 무리의 죄악을 그에게 담당시키셨도다 사 53:6

우리는 십자가의 예수님을 볼 때 깨어지는 경험을 한다. 왜 깨어지는가? 그분이 죄가 없으시다는 것을 알기 때문이다. 예수님이 십자가의 부당함을 기꺼이 당하고 견디신 것이 바로 우리의 죄 때문임을 시인할 수밖에 없기 때문이다. 십자가는 이렇게 우리의 가슴을 파고들며 우리의 반응을 요구한다.

우리는 십자가의 예수님을 볼 때 깨어지는 경험을 한다. 왜 깨어지는가?
예수님이 십자가의 부당함을 기꺼이 당하고 견디신 것이 바로 우리의 죄 때문임을 시인할 수밖에 없기 때문이다.
십자가는 이렇게 우리의 가슴을 파고들며 우리의 반응을 요구한다.

베드로는 오순절에 성령 충만하여 예루살렘에 모인 유대인들 앞에서 외쳤다.

> 그런즉 이스라엘 온 집이 정녕 알지니 너희가 십자가에 못 박은 이 예수를 하나님이 주와 그리스도가 되게 하셨느니라 하니 저희가 이 말을 듣고 마음에 찔려 베드로와 다른 사도들에게 물어 가로되 형제들아 우리가 어찌할꼬 하거늘 행 2:36,37

십자가는 거룩한 불의함이다. 하나님은 우리 삶에서 죄의 저주를 되돌리기 위해 십자가를 허용하셨을 뿐만 아니라 십자가를 직접 준비하셨다. 하나님께서는 그리스도를 십자가에서 고통당하게 하심으로써 우리를 향한 자신의 명백한 사랑을 입증하셨고, 우리와 화해하셨다. 그리스도를 통해 십자가에서 드러난 하나님의 자비를 깨달을 때, 우리는 마음이 찔린다.

십자가의 승리

십자가의 수치를 단순히 하나의 불의한 사건으로 생각하면 하나님이 십자가를 통해 전하시고자 하는 메시지를 놓치게 된다. 그리스도께서는 기꺼이 십자가를 견디셨으나 그분은 십자가를 통해 어떠한 수치도 당하지 않으셨다. 어떻게 그런 일이 가능한가? 그분에게 죄가 없으시기 때문이다. 그분은 부끄러움을 개의치 않으셨다.

> 믿음의 주요 또 온전케 하시는 이인 예수를 바라보자 저는 그 앞에 있는 즐거움을 위하여 십자가를 참으사 부끄러움을 개의치 아니하시더니 하나님 보좌 우편에 앉으셨느니라 히 12:2

십자가형은 로마에서 흉악한 범죄자들에게 사형을 집행할 때 사용하는 잔인한 처형 방법으로, 극심한 고통과 수치를 안겨주는 가장 잔혹한 수단이기도 했다. 하지만 예수님은 아무 잘못도 하지 않으셨다. 그리스도에게 십자가는 마땅하고 공의로운 형벌이 아니라 부당함 그 자체였다. 왜냐하면 그리스도를 고소한 자들이 죄인이었기 때문이다.

따라서 예수 그리스도의 십자가는 공의의 법을 뛰어넘는 더 높은 하나님의 사랑과 자비의 법을 나타낸다. 그리스도께서 우리의 죄를 위해 십자가에서 고난을 당하신 것은, 의인이 불의한 자를 대신해 죽으신 것이다(벧전 3:18 참조).

예수님은 더 높은 사랑의 법을 계속해서 가르치셨다. 하나님의 사랑의 법은 심판과 공의의 법을 초월한다.

> 또 눈은 눈으로, 이는 이로 갚으라 하였다는 것을 너희가 들었으나 나는 너희에게 이르노니 악한 자를 대적지 말라 누구든지 네 오른편 뺨을 치거든 왼편도 돌려대며 또 너를 송사하여 속옷을 가지고자 하는 자에게 겉옷까지도 가지게 하며 마 5:38-40

찬양 사역자 마티 샘슨Marty Sampson이 작사한 〈헌신Devotion〉이라는 찬양에 이런 가사가 나온다.

> 날 용서하셨네
> 죽으실 이유가 없는 구원자께서
> 그는 흠이 없었고
> 나는 수치 가운데 길을 잃었네
> 날 구하셨네 그러나 옳지 않아 보이네
> 내 눈이 그분만 바라보지 않는다면
> 자신의 생명을 내게 주신 구원자를

> I'm forgiven
> By a Savior who did not deserve death
> He was blameless
> I was lost in shamefulness
> I'm delivered, but it doesn't seem right
> Unless I keep my eyes focused
> On the Savior who gave His life

하나님의 자비는 심판을 이긴다. 하나님의 자비가 십자가의 승리이다. 우리는 그리스도께서 겪으신 고통의 수혜자이다. 예수님이 우리의 죄 때문에 십자가에 달리셨음을 깨닫는 그 순간, 우리의 삶에 심오한 일이 일어난다. 우리는 이전과는 완전히 달라진다. 그 순간 예수님이 우리를 변화시키신다. 우리가 예수님을 사랑하게 되고, 전심으로 그분을 위해 살고 싶어진다.

내게로 오라

우리의 죄를 대신 지시기 위해 자신을 겸손히 낮추신 예수님이 바로 사랑의 하나님이시다. 우리는 그분을 기꺼이 따르기를 원한다. 우리는 십자가를 통해 진정한 사랑을 깨달으며 그분의 아름다움과 위엄을 본다. 우리의 마음이 회복되어서 그분을 사랑하고 따르지 않을 수 없게 된다.

많은 사람들이 하나님은 완전하고 거룩하시다고 정확히 알고 있다. 그러나 그리스도를 통해 인간이 하나님과 교제할 수 있게 되었음을 알지 못한다. 죄인을 가까이하신 것처럼, 예수님은 우리에게 가까이 오라고 하신다. 이 그리스도의 초대를 통해, 우리도 원하는 만큼 그분과 가까워질 수 있다.

예수님은 우리의 죄 때문에 우리가 그분께 가까이 다가가지 못하는 것을 아신다. 그래서 인간이 자신에게 다가올 수 있도록 인간의 몸을 입고 친히 이 땅으로 내려오셨다. 그분은 죄인들과 함께 식사하셨고, 그들이 자신을 만지고 가까이할 수 있게 하셨다. 그리고 자신과 함께하며 자신에게서 배우도록 하셨다. 당신과 나도 원하는 만큼 예수님과 가까워질 수 있으며, 예수님의 가장 가까운 제자가 될 수 있는 기회를 얻었다.

예수님은 우리에게 "내게로 오라"마 11:28라고 말씀하신다. 예수님은 자신의 초대를 모든 사람에게 열어두신다.

> 너희 목마른 자들아 물로 나아오라 사 55:1

어떤 사람이나 상관없는가? 물론이다. 예수님은 목마른 자는 누구든지 오라고 초대하신다.

> 목마른 자도 올 것이요 또 원하는 자는 값없이 생명수를 받으라 계 22:17

예수님은 초막절에 큰소리로 외치셨다.

> 누구든지 목마르거든 내게로 와서 마시라 요 7:37

당신에게 예수님의 말씀을 들을 귀가 있고 당신이 그분의 부르심을 들을 수 있다면, 당신은 이미 예수님의 초대를 받은 것이다.

WORSHIP ENCOUNTER

CHAPTER 13

당신의 믿음을 시작하고 완성하신
주 예수를 보라

〈패션 오브 크라이스트The Passion of the Christ〉라는 영화가 전 세계적으로 개봉되어 전례 없는 논쟁을 불러일으킨 바 있다. 사람들은 할리우드에서 만드는 온갖 추하고 비도덕적인 영화에 대해서는 비판의 목소리를 높이지 않는다. 그렇지만 영화감독 겸 배우인 멜 깁슨이 예수 그리스도에 관한 영화를 만들기로 결정했을 때에는 말들이 많았다.

영화에 대한 반응은 극과 극으로 갈렸다. 영화에 대한 증오심과 적대감을 노골적으로 나타내는 사람들도 많았다. 사람들이 왜 이렇게 격한 반응들을 보였을까? 어느 누구도 '예수 그리스도'에 대해서 중립적일 수 없기 때문이다.

이 영화가 개봉하는 날, 전 세계의 수많은 극장 앞에는 영화를 보고 나오는 관객들을 인터뷰하려는 기자들이 몰렸다. 기자가 관객에게 이렇게 질문했다.

"영화에 대한 소감 좀 말씀해주시겠습니까? 영화를 보고 무엇을 느끼셨나요?"

인터뷰에 응한 관객들의 반응 역시 크게 엇갈렸다. 울면서 극장을 나온 어떤 이는 예수 그리스도의 아름다움에 자신의 마음을 빼앗겼다고 말했다. 그런가 하면 영화가 너무나 혐오스러웠다면서, 차라리 보지 않는 게 나을 뻔했다고, 화를 내거나 침을 뱉고 심지어 욕을 하는 사람들도 있었다. 이들에게는 이 영화가 잔혹하고 불쾌할 따름이었을 것이다.

어떻게 같은 영화를 본 사람들이 이렇게 상반된 반응을 보였을까? 바로 '그리스도의 향기'가 구원을 얻는 사람들에게는 생명의 냄새요 망하는 자들에게는 사망의 냄새이기 때문이다(고후 2:15,16). 그리스도의 십자가는 우리 영혼에는 생명이지만 육신에는 죽음을 의미하기 때문이다.

그리스도의 아름다움에 이끌리어

솔로몬의 아가서에서, 신부는 사랑하는 사람에게 이렇게 말한다.

> 네 기름이 향기로워 아름답고 네 이름이 쏟은 향기름 같으므로 처녀들이 너를 사랑하는구나 아 1:3

어떤 향은 매혹적이고 사람을 기분 좋게 만든다. 그리스도께서 지니신 향이 그렇다. 우리는 매혹적인 향기에 끌리듯이 그리스도께 이끌린다. 그리스도의 영이 그분의 생명을 우리 안에 빛으실 때, 우리의 삶 가운데서 점차 그리스도의 향기가 퍼져나간다. 그리스도의 생명이 내면 깊은 곳에서 흘러넘쳐서 사람들이 우리에게서 그리스도의 향기를 맡기 시작한다.

> 항상 우리를 그리스도 안에서 이기게 하시고 우리로 말미암아 각처에서 그리스도를 아는 냄새를 나타내시는 하나님께 감사하노라 우리는 구원 얻는 자들에게나 망하는 자들에게나 하나님 앞에서 '그리스도의 향기' 니 이 사람에게는 사망으로 좇아 사망에 이르는 냄새요 저 사람에게는 생명으로 좇아 생명에 이르는 냄새라 누가 이것을 감당하리요 고후 2:14-16

예수님은 우리를 이끄신다. 예수님은 우리가 다른 모든 것을 뒤로 하고 오직 그분에게 이끌리기 원하신다. 그러면 그리스도께서 우리를 어떻게 이끄시는가? 우리의 의지를 무시하고 저항하지 못하도록 강제로 이끄시는가? 자석이 쇠붙이를 끌어당기듯이 우리의 의지와 상관없이 우리가 억지로 그리스도께 끌려가는가? 그리스도께서는 우리를 그런 식으로 이끌지 않으신다. 우리의 자유 의지를 절대 무시하지 않으신다. 그리스도의 아름다움이 우리 안에 믿음을 일깨워서 그분에게로 우리를 이끄시는 것이다.

선지자 이사야는 그리스도에 대해 이렇게 말했다.

> 고운 모양도 없고 풍채도 없은즉 우리의 보기에 흠모할 만한 아름다운 것이 없도다 사 53:2

예수님에게는 사람을 끌어당기는 특별한 매력이 없다. 그리스도의 아름다움은 감춰진 아름다움, 즉 영적 아름다움이다. 그 아름다움은 예수님을 갈망하는 마음을 가진 사람들의 눈에만 보인다. 우리의 마음이 세상적인 욕망으로 가득하면, 우리는 그리스도의 아름다움을 놓치고 만다. 그리스도께서는 영혼의 생수를 갈망하는 사람들, 그리스도를 찾고 찾는 사람들을 만나주신다. 우리는 예수님의 참모습을 볼 때 그분께 이끌린다. 그분의 아름다운 마음에 이끌린다.

진정한 예수 십자가의 의미

당신은 그리스도의 십자가를 볼 때 무엇이 보이는가? 예수님의 아름다운 사랑이 보이는가? 예수님은 당신에게 생명의 향기인가? 당신은 하나님의 어린양을 볼 때 무엇이 보이는가? 생명인가 죽음인가?

로마인들이 의도한 대로 십자가형 자체는 영광스럽지 않으며 잔혹하고 수치스러울 뿐이었다. 죽음 자체는 아름답지 않다. 아픔, 고통, 죄 없는 피흘림도 그 자체는 아름답지 않다. 충격적이고 고통스러울 따름이다. 그런데 예수님은 죄인들을 용서하심으로써 십자가의 의미를 완전히 뒤바꿔놓으셨다. 예수님은 잔인하고 부당하게 십자가에 달리셨을 때조차 이렇게 외치셨다.

아버지여 저희를 사하여주옵소서 자기의 하는 것을 알지 못함이니이다

눅 23:34

예수님은 멸시를 당하고 버림을 받는 바로 그 순간에 우리를 용서하셨다. 예수님은 우리의 죄를 거두어가셨다. 우리는 십자가의 영광을 통해 구원자의 아름다움을 보고, 그리스도께서 흘리신 피를 통해 온전한 사랑의 완성을 본다. 원수를 위해 고난을 견디는 사랑이 어떻게 가능할까? 십자가의 승리로 예수님은 우리의 마음을 차지하셨다.

십자가는 하나님이 자신의 사랑을 어디까지 전하려 하셨는지를 보여 준다. 그리스도께서는 그 사랑을 전하기 위해 기꺼이 자신의 생명을 내놓으셨다. 그러나 자기 죄에서 돌이키려 하지 않는 사람들에게 십자가는 고통스럽고 불쾌하다. 인생의 덧없음을 상기시킨다. 이들은 예수 그리스도를 믿지 않기 때문에 십자가를 통해 보여주신 놀라운 용서도 보지 못한다. 이들이 보는 것은 단지 죽음뿐이다.

예수님이 누구신지 알 때, 우리는 자신이 누군지 알기 시작한다. 우리는 오직 예수 그리스도를 앎으로써, 우리 자신의 목적과 부르심과 인생의 사명을 알 수 있다. 십자가는 우리를 하나님의 목적 가운데로 들어가도록 인도하는 문이다.

하나님은 예수의 피 값으로 우리를 사셨다

하나님의 은혜는 값없는 선물이지만, 예수님은 자신의 전부를 희생하셨다. 예수님은 우리를 구원하시기 위해 자신의 보혈을 기꺼이 치르셨다.

우리가 그리스도 안에서 그의 은혜의 풍성함을 따라 그의 피로 말미암아

구속 곧 죄 사함을 받았으니 엡 1:7

요한계시록에는 이십사 장로들이 하나님의 보좌 앞에서 새 노래를 부르며 외치는 장면이 나온다.

일찍 죽임을 당하사 각 족속과 방언과 백성과 나라 가운데서 사람들을 '피로 사서'(구속하여) 하나님께 드리시고 계 5:9

'구속하다' redeem 는 "사다" purchase 라는 뜻이다. 이 단어의 명사형인 '구속' redemption 은 "죄 값을 완전히 지불하다"라는 의미를 내포한다. 우리는 전에 죄의 종이었으며, 이기적인 욕망의 노예였다. 종은 자기 권한 없이 다른 사람의 지배를 받는 사람을 뜻한다. 하지만 우리는 이제 예수님의 보혈로 산 바 되었고, 죄의 횡포에서 해방되었다. 그러나 우리는 값으로 산 바 되었기 때문에 우리의 생명이 우리 것이 아니다. 우리는 이제 그리스도의 것이다!

예수님이 우리를 구속하시기 위해 값을 완전히 지불하셨기 때문에 우리는 이제 그분의 은혜로 값없이 "의롭다함을 받는다" justified (롬 5:9). 이 말은 "의롭다" righteous 고 선언되는 것을 의미한다.

(우리는) 그리스도 예수 안에 있는 구속으로 말미암아 하나님의 은혜로 값없이 의롭다 하심을 얻은 자 되었느니라 이 예수를 하나님이 그의 피로 인하여 믿음으로 말미암는 '화목제물'로 세우셨으니… 롬 3:24,25

화목제물propitiation이란 무엇인가? 화목제물은 '대속물' atonement이다. 화목제는 하나님과 하나님의 백성 사이의 장벽을 제거하는 제사로, 예수님은 십자가에서 자신을 희생하고 죽으심으로써 하나님과 우리 사이에 화목을 이루셨다. 그리스도의 대속이 인간의 죄 값을 지불했고 죄에 대한 하나님의 거룩한 진노를 단번에 풀었다(출 29:33, 30:10 ; 레 7:7 ; 단 9:24 ; 요일 2:2, 4:10 참조).

그 피로 씻었는가?

사도 요한은 예수님이 "그의 피로 우리의 죄를 '씻었다' washed"(계 1:5, NKJV 영어성경을 직역했다)라고 고백한다. 신약성경에서 "씻다"wash로 번역된 헬라어 '루오' louo는 부분이 아닌 몸 전체를 "목욕하다"bathe라는 뜻이 있다. 예수님이 제자들의 발을 씻기시는 장면에서도 이 단어가 사용되었다.

> 이미 목욕한 자는 발밖에 씻을 필요가 없느니라 온몸이 깨끗하니라
> 요 13:10

사도 요한이 각 나라와 족속과 백성과 방언에서 큰 무리가 나와 흰 옷을 입고 하나님의 보좌 앞에 선 모습을 묘사할 때도 사용되었다.

> 장로 중에 하나가 응답하여 내게 이르되 이 흰 옷 입은 자들이 누구며 또 어디서 왔느뇨 내가 가로되 내 주여 당신이 알리이다 하니 그가 나더러 이르되 이는 큰 환난에서 나오는 자들인데 어린양의 피에 그 옷을 '씻

어' 희게 하였느니라 계 7:13,14

여기서 '씻어'로 번역된 헬라어 '플루노'pluno는 옷을 세탁할 때처럼 "물에 잠기게 하다"plunge라는 뜻이다. 이때 자신의 옷을 어린양의 피에 빨아 희게 하는 사람들이 '성도'라는 데 주목하라. 이들과 같이 우리도 죄에 찌든 옷을 예수님의 피에 담갔다가 빨아서 완전히 희게 해야 한다. 우리는 그리스도께서 우리의 삶 가운데 이미 이루신 일에 대해 감사해야 하며 그분의 피를 우리 마음의 문지방에 발라야 한다. 그러면 예수님의 피를 통해, 우리의 죄는 완전히 제거된다. 예수님의 피가 우리의 죄를 깨끗하게 하실 것이다.

오라 우리가 서로 변론하자 너희 죄가 주홍 같을지라도 눈과 같이 희어질 것이요 진홍같이 붉을지라도 양털같이 되리라 사 1:18

예수님의 피로 우리는 완전히 깨끗해지고, 우리의 옷도 완전히 희게 된다. 나는 침례교회에 출석하면서 예수님의 보혈에 관한 찬송을 많이 불렀다. 그중에서도 〈Are You Washed in the Blood?〉('예수 십자가의 흘린 피로써' 찬송가 193장, 새 찬송가는 259장이다)는 내가 가장 좋아하는 보혈 찬송이다.

예수 십자가에 흘린 피로써 그대는 씻기어 있는가
더러운 죄 희게 하는 능력을 그대는 참 의지하는가

주 예수와 밤낮으로 늘 함께 그대는 행동을 하는가
아무 때나 어디든지 그대는 십자가 붙들고 있는가

주님 예수 다시 올 때 그대는 영접할 예복이 있는가
그대 몸은 거룩한 곳 성전에 들어갈 준비가 됐는가

모든 죄에 더러워진 예복을 주 앞에 지금 다 벗어서
샘물같이 솟아나는 보혈로 눈보다 더 희게 씻으라

＊ 예수의 보혈로 그대는 씻기어 있는가
마음속의 여러 가지 죄악이 깨끗이 씻기어 있는가

몸 바쳐 피 흘려 하나님께 나아가는 길을 여신 예수님

예수님이 십자가에서 흘리신 피를 통해 우리는 하나님과 화해했다. '화해하다' reconcile 라는 말은 "관계를 회복하다"라는 뜻이다. 예수님의 피는 하나님과 우리를 화해시키며, 하나님과 우리를 온전한 친밀함으로 재결합시킨다. 예수님의 피가 없으면 화해도 없고, 예수님의 피가 아니고서는 친밀함을 회복할 수 없다.

아버지께서는 모든 충만으로 예수 안에 거하게 하시고 그의 십자가의 피로 화평을 이루사 만물 곧 땅에 있는 것들이나 하늘에 있는 것들을 그로 말미암아 자기와 화목케 되기를 기뻐하심이라 전에 악한 행실로 멀리 떠

나 마음으로 원수가 되었던 너희를 이제는 그의 육체의 죽음으로 말미암아 화목케 하사 골 1:19-22

이전에 우리는 하나님과 원수였지만, 예수님은 십자가로 우리가 하나님과 원수 된 것을 소멸하시고 화평을 이루셨다. 이제 우리는 예수님의 피로써 하나님의 임재 가운데로 나아갈 수 있다. 화해한 하나님의 자녀는 새롭고 산 길로 하나님 앞에 나아간다(히 10:19,20). 그 길은 예수님께서 자신의 몸을 찢어 열어놓으신 길이다.

예수님은 십자가에서 죽으시기 전에 큰 소리로 "다 이루었다"요 19:30라고 외치시고 "아버지여 내 영혼을 아버지 손에 부탁하나이다"눅 23:46라는 마지막 말씀을 남기고 숨을 거두셨다.

예수님이 십자가에 달려 돌아가셨을 때, 성전의 휘장은 위에서 아래까지 찢어져 둘이 되었다(마 27:51 ; 막 15:38). 휘장은 성소와 지성소를 구분하는 커튼이다. 대제사장이 1년에 단 한 번 속죄소에 피를 뿌리기 위해 들어가는 것 외에는 그 누구도 지성소에 접근하지 못하도록 막는 문이었다.

예수님은 이 지성소로 들어가는 문이다. 그분의 몸은 우리를 위해 찢긴 휘장이다. 우리는 이제 예수님의 피로 말미암아 지성소에 들어갈 수 있게 되었다. 그분의 찢긴 몸이 아버지께 나아가는 통로가 되었으며, 그분의 피가 우리를 위한 완벽한 속죄물이 되었다. 우리는 오직 예수님의 피로 구속받고, 의롭게 되었으며, 깨끗하게 씻음 받고, 하나님과 화해했다. 우리는 예수님의 피로 이제 하나님의 임재 안으로 들어갈 수 있고

예수님은 지성소로 들어가는 문이다. 그분의 몸은 우리를 위해 찢긴 휘장이다.
우리는 이제 예수님의 피로 말미암아 지성소에 들어갈 수 있게 되었다.
그분의 찢긴 몸이 아버지께 나아가는 통로가 되었으며, 그분의 피가 우리를 위한 완벽한 속죄물이 되었다.

하나님과 교제할 수 있다.

우리는 그리스도께서 십자가에서 승리하심으로 무엇을 이루셨는지 정확히 알아야 한다. 예수님의 피는 우리의 죄의식을 씻어내고, 하나님의 임재 가까이 다가가는 참된 믿음과 용기를 불어넣어준다. 우리는 예수님의 피를 힘입어 지성소에 들어갈 담력을 얻었다(히 10:19-22).

우리는 지성소로 가까이 가며 지성소에 들어가겠다는 믿음의 선택을 해야 한다. 멀찍이 떨어져서 예배하는 것만으로는 부족하다. 우리가 하나님의 임재 안으로 들어가 친밀히 교제할 수 있도록 하시기 위해 예수님의 몸이 찢기셨음을 항상 기억해야 한다.

예수님은 우리의 구주로서 그 누구도 이루지 못하는 일을 십자가에서 이루셨다. 그분은 자신의 속죄 사역을 완결하심으로써 우리를 구원하셨다. 우리는 그리스도께서 갈보리에서 이루신 일을 통해 값없이 의롭게 되었다.

말씀을 듣고 실행하는 그리스도인

우리 주 예수님은 우리에게 자신을 따르라고 요구하신다. 가나의 혼인 잔치에서, 예수님의 어머니는 하인들에게 "너희에게 무슨 말씀을 하시든지 그대로 하라"요 2:5라고 했다. 이 말은 잔칫집 하인들에게만 적용되는 것이 아니라 오늘 우리에게도 해당한다.

> 너희는 나를 불러 주여 주여 하면서도 어찌하여 나의 말하는 것을 행치 아니하느냐 눅 6:46

우리는 모든 말씀을 준행해야 한다. 단순히 "주여, 주여"라고 반복적으로 고백하는 것과 주님의 뜻을 실천함으로써 그분을 주主로 믿는 믿음을 보이는 것은 다르다. 우리는 우리의 선행이 아니라 하나님의 은혜로 구원받는다. 그러나 구원하는 믿음은 절대 공허한 것이 아니다. 예수님은 "그의 열매로 그들을 알리라"마 7:20라고 말씀하셨다. 세례 요한도 자신에게 세례받기 위해 나아온 바리새인과 사두개인들에게 "회개에 합당한 열매를 맺으라"라고 외쳤다(마 3:8).

예수님은 예수님의 말씀대로 말씀을 듣고 행하는 자와 그렇지 않는 자의 차이를 분명히 밝히셨다.

> 내게 나아와 내 말을 듣고 행하는 자마다 누구와 같은 것을 너희에게 보이리라 집을 짓되 깊이 파고 주초를 반석 위에 놓은 사람과 같으니 큰물이 나서 탁류가 그 집에 부딪히되 잘 지은 연고로 능히 요동케 못하였거니와 듣고 행치 아니하는 자는 주초 없이 흙 위에 집 지은 사람과 같으니 탁류가 부딪히매 집이 곧 무너져 파괴됨이 심하니라 눅 6:47-49

예수님은 우리의 반석이시다. 예수님은 우리의 삶을 세울 기초가 되신다. 집을 잘 지으려면 일단 바위가 나올 때까지 땅을 깊이 파서 그 바위 위에 기초를 놓아야 한다. 기초 없이 맨 땅에 집을 지으면 불안하고 위험하다. 자신의 삶을 그리스도 위에 세우기 원하는 사람들은, 예수께 다가가야 한다. 다가가서 가만히 있으면 안 된다. 예수님의 말씀에 귀를 기울이고, 그 말씀대로 행해야 한다. 그것이 그리스도 위에 삶의 기초를 세우기 위해 땅을 깊이 파는 일이다.

전부를 주셨으니 전부를 드립니다

우리가 예수님에게 어떻게 반응하느냐는 매우 중요하다. 그분의 말씀을 듣기만 하고 실천하지 않는다면 큰 문제이다. 우리는 말씀을 듣는 자에 그치지 말고 행하는 자가 되어야 한다.

> 너희는 도를 행하는 자가 되고 듣기만 하여 자신을 속이는 자가 되지 말라 약 1:22

예수님을 믿고 따르는 부르심은 우리의 전부를 요구한다. 예수님은 "너희 중에 누구든지 자기의 모든 소유를 버리지 아니하면 능히 내 제자가 되지 못하리라"눅 14:33라고 말씀하셨다. 예수님이 누구신지 깨달았을 때 당신은 어떻게 반응하겠는가? 예수님이 당신에게 예수님 자신을 직접 계시해주신다면, 당신의 삶은 어떻게 변화하겠는가? 예수님이 당신의 선택에 어떤 영향을 미치는가? 당신의 우선순위가 달라지는가? 당신의 가치관이 예수님 때문에 변화되는가?

우리는 단지 복음을 듣는 자에 그쳐서는 안 된다. 예수 그리스도의 복음은 우리를 변화시키고자 한다. 복음을 믿는 우리는 자신을 아낌없이 그리스도께 드림으로써 응답해야 한다. 자신의 전부를 내어주신 예수님께 어떻게 우리의 전부를 드리지 않을 수 있겠는가?

어떤 사람들은 항상 그리스도의 명령을 제한하려고 든다. 마치 율법사가 자기를 옳게 보이고 싶어서 예수님께 "내 이웃이 누구오니이까"눅 10:29라고 반문한 것처럼 말이다. 이들은 예수님이 하신 명령을 가장 적게 지키려고 그분의 말씀을 축소한다. 이들은 "제가 당신을 위해 무엇을 해야 하겠습니까?"라고 반응하기보다 "제가 그리스도인이 되는 데 필요한 최소 조건이 무엇입니까?"라고 묻는다.

이런 사람들에게 기독교란 관계가 아닌 영원한 안정성을 찾는 무엇에 불과하다. 그러나 지성소의 비밀을 발견한 사람들은 예수님의 사랑의 품 안에서 얻는 기쁨을 통해 영원한 안전을 찾는다. 영생은 절대 예수님과 분리되어 얻을 수 없다.

예수 그리스도를 예배하는 자는 예배가 궁극적으로 자신의 삶을 드리는 제사임을 알게 된다.

> 너희 몸을 하나님이 기뻐하시는 거룩한 산 제사로 드리라 이는 너희의 드릴 영적 예배니라 롬 12:1

예배는 하나님께 자발적으로 자신을 드리는 산 제사이다. 예수님은 십자가에서 우리를 위해 자신을 아버지께 드렸다. 그런데 어떻게 우리가 "감사합니다"라고 말하고 아무 변화도 감동도 없이 돌아서서 예전처럼 자신의 길을 갈 수 있겠는가? 진정한 예배를 드릴 때, 우리는 "당신이 저를 위해 전부를 주셨으니 저도 당신을 위해 전부를 드리기 원합니다"라고 고백하게 된다. 그제야 예수님이 우리 삶의 진정한 주인이 되시며, 우리 삶이 우리를 하나님께 드리는 제사가 된다. 또한 모든 순간이 그분을 예배하는 기회가 된다.

나를 바꾸시네, 나를 바꾸시네

하나님이 진정으로 원하시는 것은 모든 믿는 자가 그리스도의 형상을 닮는 것이다(롬 8:29). 다시 말해서, 하나님은 그리스도의 생명을 우리 안에 빚기 원하신다. 하나님은 우리가 그리스도의 형상을 닮도록 이미 계획해놓으셨다. 이것이 그리스도 안에 있는 신자들이 사는 목적이다. 우리는 그리스도의 증인으로 변화되어야 한다.

하나님께서는 자신이 시작하신 일을 마칠 능력이 있으시다. 우리가 그리스도의 형상을 완전히 닮는 것, 그것이 우리의 삶을 향한 하나님의 계획이다. 하나님은 이 계획을 온전히 이루고자 하신다. 우리가 그리스도의 형상을 닮아가는 과정을 통해 하나님은 영광을 받으신다.

> 너희 속에 착한 일을 시작하신 이가 그리스도 예수의 날까지 이루실 줄을 우리가 확신하노라 빌 1:6

하나님은 당신과 내가 마지막에 어떻게 될지 이미 결정해놓으셨다. 하나님은 우리가 예수님의 형상을 닮도록 결정하셨다. 거울을 볼 때 자신에게 이렇게 이야기해보자.

"하나님은 아직 나를 완성하신 게 아니야."

우리가 다 수건을 벗은 얼굴로 거울을 보는 것같이 주의 영광을 보매 저

와 같은 형상으로 화하여 영광으로 영광에 이르니 곧 주의 영으로 말미암음이니라 고후 3:18

우리는 자신에게 초점을 맞추는 것이 아니라 줄기차게 예수님을 바라보는 법을 배워야 한다. 우리가 이렇게 할 때, 예수님은 성령의 능력으로 우리를 자신을 닮은 형상으로 바꾸신다.

내가 어릴 때 즐겨 부르던 〈From Glory to Glory He's Changing Me〉라는 찬양이 있다.

> 영광에서 영광에 이르도록 나를 바꾸시네
> 나를 바꾸시네, 나를 바꾸시네
> 그의 모양과 형상이 내 안에 완전해지도록
> 하나님의 사랑이 세상에 나타날 수 있도록
>
> 나를 바꾸시네, 나를 바꾸시네
> 땅의 것에서 하늘의 것으로
> 그의 모양과 형상이 내 안에 완전해지도록
> 하나님의 사랑이 세상에 나타날 수 있도록
>
> From glory to glory he's changing me
> Changing me, changing me
> His likeness and image to perfect in me

The love of God shown to the world

He's changing, changing me
From earthly things into heavenly
His likeness and image to perfect in me
The love of God shown to the world

자기 자신에게서 눈을 떼라

죄는 초점이 흐릿한 사람을 쉽게 낚아챈다. 그렇기 때문에 우리는 믿음의 조성자요 완성자이신 예수님을 바라보아야 한다(히 12:2). 우리는 지속적으로 그분을 바라보아야 한다.

우리가 자신을 비판적인 시각으로 볼 때, 우리는 수긍하기 힘든 많은 결점들을 찾아내게 된다. 새로운 성품을 받았는데도 우리는 이 보화를 계속해서 질그릇에 담아가지고 다닌다. 자신이 보기에도 마음에 들지 않는 부분이 여전히 많다. 하지만 그래도 예수님은 그 모습을 기뻐하신다. 주님은 언제나 우리를 승리로 이끄신다. 그리스도께서는 자신이 시작하신 일을 성령의 능력으로 끝마치실 것이다. 예수님을 따를 때 늘 그분에게 시선을 고정하고 자신을 바라보지 않는 것이 무엇보다 중요하다.

영적 변화는 우연히 일어나지 않으며 우리가 선택할 수 있는 문제도 아니다. 우리는 신의 성품에 참여하는 자로서 자신의 영적 변화의 과정에 협력해야 한다. 우리는 성령에 민감해야 한다. 성령님이 꾸짖으시면 회개하고 그분의 뜻에 순복해야 한다.

에덴동산에서 일어난 인간의 타락은 '자기 집착'이라는 결과를 초래했다. 교만의 죄는 우리 삶에서 변화가 필요한 부분에 대해 정직한 평가를 내리지 못하게 만든다. 어떤 사람은 자아가 너무 강해서 자기 자신을 지나치게 높이 평가하는데, 이런 사람은 자신에 대해 비현실적으로 과장해서 생각한다. 그런가 하면 아주 낮은 자존감 때문에 자신을 부정적으로 보며 괴로워하는 사람도 있다. 두 사람 다 건강하지 못한 자기 집착에 그 뿌리를 두고 있다.

지속적으로 예수를 바라볼 때 우리도 변화한다

예수님은 우리에게 자기를 부인하고 주님만 바라보라고 요구하신다. 이스라엘 백성이 광야에서 높이 들린 놋뱀을 바라보았듯이, 우리도 예수님을 계속해서 바라보아야 한다. 당신은 자기 문제에서 눈을 뗄 수 있는가? 잠시 자신의 죄악에서 눈을 돌려 예수님을 바라볼 수 있는가?

예수는 히브리어로 '예슈아' Yeshua인데, "구원" 또는 "그가 구원하리라"라는 뜻이다. '예슈아'는 "여호와께서 구원하셨다" 또는 "여호와께서 구원하신다"라는 뜻을 가진 '여호수아' Yehoshua의 변형이다.

요셉이 약혼녀 마리아가 잉태한 사실을 알았을 때, 하나님의 천사가 그의 꿈에 나타나서 말했다.

> 다윗의 자손 요셉아 네 아내 마리아 데려오기를 무서워 말라 저에게 잉태된 자는 성령으로 된 것이라 아들을 낳으리니 이름을 '예수'라 하라

> 이는 그가 자기 백성을 저희 죄에서 구원할 자이심이라 마 1:20,21

예수라는 이름은 하나님이 우리의 구원자이심을 선포한다. 우리가 예수님을 부르는 것은 구원자이신 하나님의 이름을 부르는 것이다. 우리가 예수님을 바라볼 때, 우리는 우리의 구원자를 바라보는 것이다.

예수님을 볼 때, 우리는 하나님의 영광을 보게 된다. 그분의 영광은 우리에게, 우리를 통해 반사되며, 영적 변화를 가져온다. "변화시키다" transform에 해당하는 헬라어 '메타모르포오' metamorphoo는 "바꾸다" change, "모양을 바꾸다" transfigure라는 뜻이다. 메타모르포오에서 'metamorphosis' 변형라는 영어 단어가 나왔다. 변형은 "형태나 구조나 본질의 완전한 변화 또는 뚜렷한 변화"를 말한다. 또 올챙이가 개구리로, 유충이 나비로 변하는 것과 같은 변화를 일컫기도 한다. 다시 말해서 변형은 하나의 형태에서 다른 형태로 완전히 바뀌는 것이다.

우리는 예수님을 바라볼수록 그분에게 더 많은 영향을 받는다. 마치 거울을 보듯이 주님을 닮아가고, 행동도 비슷해진다. 우리의 성품은 변화의 과정을 겪으며, 한 형상에서 다른 형상으로 변화되고, 영광에서 영광으로 옮겨간다. 그분의 내적 성품이 우리 안에서 빚어지는 것이다. 예수님은 우리의 외적 행동을 바꾸실 뿐 아니라 주님의 내적 본성까지 우리 안에 빚어 가신다. 어떻게 이런 일이 가능한가? 오직 주님을 지속적으로 바라볼 때 가능하다.

간결하지만 심오한 의미를 지닌 찬양 〈Turn Your Eyes upon Jesus〉은 우리에게 지속적으로 예수님을 바라볼 것을 권한다.

네 눈을 주께 돌려

놀라운 그의 얼굴을 보라

땅의 것들이 이상하게 빛을 잃네

그의 영광과 은혜의 빛에

Turn your eyes upon Jesus

Look full in His wonderful face

And the things of earth will grow strangely dim

In the light of His glory and grace

승리하는 삶의 비결

찰스 스펄전(Charles Haddon Spurgeon, 1834~1892) 목사는 자신의 회심의 경험을 글로 남겼다. 그는 열다섯 살 때 자신의 죄악을 깨닫고 큰 자책감에 시달렸다. 그는 자신이 무거운 죄의 짐을 짊어지고 있다는 느낌을 떨쳐내지 못했다.

1850년 1월, 눈 내리는 어느 아침이었다. 스펄전은 콜체스트의 어느 감리교회의 예배에 참석했다. 그날 설교할 목사님이 제시간에 도착하지 않자, 평범한 교인 한 사람이 대신 설교를 했다. 그가 선택한 본문은 이사야서였다.

땅끝의 모든 백성아 나를 앙망하라 그리하면 구원을 얻으리라 나는 하나님이라 다른 이가 없음이니라 사 45:22

> Look to Me, and be saved, All you ends of the earth! For I am God, and there is no other. Isaiah 45:22

NKJV 영어성경을 직역한다면, "나를 보라. 그리고 구원을 받으라. 너희 땅의 모든 끝이여!"라는 뜻이다. 스펄전은 시간이 흐른 후에도 그때 들은 설교를 정확하게 기억했다. 그 설교는 이랬다.

"사랑하는 여러분, 이 본문은 아주 단순합니다. 본문은 '보라'라고 말합니다.

보는 데는 큰 힘이 들지 않습니다. 발이나 손가락을 들어올릴 필요도 없습니다. 그냥 '보라'라고 말합니다. 대학을 나와야 볼 수 있는 게 아닙니다. 바보 천치라도 볼 수 있습니다. 많은 돈이 있어야 볼 수 있는 게 아닙니다. 누구라도 볼 수 있습니다. 어린아이도 볼 수 있습니다.

그러나 본문은 '나를 보라' Look to Me라고 말합니다. 많은 사람들이 자신을 봅니다. 그러나 그것은 아무 소용이 없습니다. 여러분 자신에게서는 아무 위로도 찾지 못할 것입니다. 어떤 사람들은 성부 하나님을 바라봅니다. 아닙니다. 예수 그리스도를 보십시오. 예수 그리스도께서 '나를 보라'라고 말씀하십니다.

어떤 사람들은 '성령님이 역사하실 때까지 기다려야 해!'라고 말합니다. 하지만 지금 우리가 할 일은 그것이 아닙니다. 그리스도를 보십시오. 본문은 '나를 보라'라고 말합니다!"

찰스 스펄전은 그때부터 그리스도를 보고 또 보기 시작했으며, 계속해서 그리스도를 보면서 자신에게서 눈을 뗄 수 있었다고 한다. 스펄전은 그날 회심回心했다. 그는 그리스도를 바라봄으로써 승리하는 삶의 비결을 발견했다.

우리 주 그리스도 예수만 바라보라

우리도 예수님을 지속적으로 바라보는 법을 배워야 한다. 우리는 자기 자신이나 환경을 바라볼 때 흔들린다. 그러나 우리가 하나님의 어린 양(예수님)께 시선을 고정시키면 우리는 변화될 수 있다.

예수님은 오병이어 기적을 베푸신 후, 제자들에게 배를 타고 먼저 갈릴리 호수 건너편으로 가라고 하셨다. 그리고 자신은 무리에게서 떠나셨다. 그날 밤, 제자들이 호수를 건널 때, 역풍이 불어와 풍랑으로 배가 요동쳤다. 예수님이 육지에서 이 광경을 보시고 물 위를 걸어서 제자들에게 가셨다. 물 위를 걸으시는 예수님을 본 제자들이 깜짝 놀라자 예수님은 제자들을 안심시키셨다(마 14:22-33 ; 막 6:45-52 ; 요 6:14-21).

"안심하라. 나니 두려워하지 말라."

대담하고 솔직한 제자 베드로가 예수님께 말했다.

"주여, 만일 주님이시거든 나를 명하사 물 위로 오라 하소서."

그러자 예수님이 베드로를 향해 "오라"고 말씀하셨다. 베드로는 배에서 내려 예수님께 가기 위해 물 위를 걷기 시작했다. 그는 불가능한 일을 하고 있었다. 베드로가 계속해서 예수님을 바라보는 동안에는 물 위를 걸어 주께로 갈 수 있었다. 그러나 예수님에게서 눈을 떼고 바람과 파도를 바라보자 그는 갑자기 두려워졌고, '나는 할 수 없어!'라는 생각이 들었다. 그 순간 베드로는 물에 빠지고 말았다.

그리스도인의 삶도 이와 같다. 우리는 예수님만 바라볼 때 불가능한 일도 넉넉히 해낼 수 있다. 그러나 자신과 환경을 바라보기 시작하면, 베드로처럼 물에 빠지고 만다. 사탄은 우리가 예수님에게서 눈을 떼도록 갖은 애를 다 쓴다. 사탄이 당신의 시선을 예수님에게서 벗어나게 하는 데 성공하면, 사탄은 그 다음으로 우리를 참소하기 시작한다.

"네가 한 나쁜 짓을 좀 봐!"

우리는 오직 예수님을 바라볼 때에만 건강하지 못한 자기 집착에서 벗어날 수 있다. 베드로가 물에 빠졌을 때 할 수 있는 일은 오직 주님의 이름을 부르는 것뿐이었다.

"주여, 나를 구원하소서!"

구원자 예수님이 손을 뻗어 베드로를 붙잡으시면서 말씀하셨다.

"믿음이 적은 자여, 왜 의심하였느냐?"

예수님을 바라보는 당신의 눈을 다른 데로 돌리지 말라. 오직 예수님에게 시선을 고정하라.

다윗은 이렇게 노래했다.

> 내가 여호와를 항상 내 앞에 모심이여 그가 내 우편에 계시므로 내가 요동치 아니하리로다 시 16:8

다윗이 "하나님이여 내 마음이 확정되었고 내 마음이 확정되었사오니"시 57:7라고 외쳤을 때처럼, 우리도 지속적으로 주님께 시선을 고정해야 한다.

예수님을 계속 바라보라. 그분은 우리의 믿음을 시작하고 완성하는 분이시다. 하나님은 이야기를 쓰고 계신다. 이 이야기는 물론 실화이며, 매우 아름다운 이야기이다. 바로 당신에 관한 이야기이다!

당신의 이야기의 저자는 예수님이시다. 예수님이 당신과 나의 창조주이시기 때문이다. 그분은 알파와 오메가요 처음과 마지막이요 시작과 마침이시다(계 1:8). 당신이 계속해서 예수 그리스도 안에 거한다면, 그분은 당신의 이야기를 훌륭히 마무리하실 것이다!

| 에필로그 |

진정한 하나님 예배자 안에 일어날 회복의 역사를 기대하며

지금까지 나는 이 책에서 아버지이신 하나님과 우리의 관계를 점검해 보았다. 하나님을 아버지로 아는 계시를 통해 하나님이 우리를 하나님의 자녀로 환영하신다는 놀라운 사실을 깨달았기를 간절히 바란다.

하나님의 예배자는 진정으로 하나님을 알아야만 한다.

> 그러므로 우리가 여호와를 알자 힘써 여호와를 알자 … 나는 인애를 원하고 제사를 원치 아니하며 번제보다 하나님을 아는 것을 원하노라 호 6:3,6

하나님을 알아서 그분과 완전하고 충만하고 친밀하고 인격적인 관계를 회복하고 하나님을 대면하여 아는 관계를 체험하는 것이 진정한 예배이다. 하나님의 아들 예수 그리스도를 보내셔서 당신이 누구신지 완벽하게 드러내신 하나님을 알아보고 그분을 만나도록 계속해서 초청했다. 예수 그리스도를 믿고 따르라는 부르심에 응답하여 그분을 위해 당신 자신을 전부 드리는 삶이야말로 하나님이 기뻐하시는 거룩한 산 제사로서의 예배, 당신이 드릴 영적 예배의 본질임을 반드시 기억하기 바란다. 가장 중요한 것은 하나님과의 관계 회복이다.

이 책을 읽은 독자가 그리스도인이라면, 하나님께서 이 책을 통해 더 깊은 계시를 드러내셔서 당신이 하나님께 더 가까이 다가갈 수 있었기를 바란다. 더 나아가 하나님 안에서 자신의 진정한 정체성을 발견하고 예수님을 따르는 모험에 자신의 인생을 드리는 결단을 했기를 기대한다.

만일 이 책을 읽기 전에 당신이 명목상 그리스도인이었거나 불신자였다면, 하나님께서 이 책을 통해 하나님의 은혜를 받아들이도록 당신의 마음을 완전히 여셨기를 기도한다. 또 하나님의 아들 예수 그리스도의 계시를 통해 당신의 마음에 회복의 역사가 일어났기를 간절히 기도한다.

성령님의 인도하심과 역사를 기다리는 사역과 비전

예수님은 부활하신 후, 제자들에게 다음과 같이 명령하셨다.

"기다려라. 너희가 성령의 능력을 입을 때까지 아무것도 하지 말라. 성령이 너희에게 임하시면 너희가 권능을 받고 땅끝까지 이르러 나의 증인이 되리라."

2005년 가을, 나와 아내 역시 약 한 달간 모든 사역을 멈추고 하나님의 인도하심을 기다려야만 했다. 그 당시에 우리는 지금까지 해온 일들을 전부 내려놓고 하나님께서 부어주실 새로운 사역을 위해 오직 기다려야만 하는 상황에 놓여 있었다. 나와 아내에게 그 일은 우리의 순종을 기대하신 하나님의 시험이었으며, 그때 성령님께서 우리에게 지금의 레위지파 미니스트리의 비전을 주셨다.

예수 그리스도의 복음은 메시지이다. 이 메시지는 그리스도의 제자로서 구별되는 삶으로 이 세상 가운데 선포된다. 나는 레위지파 미니스트리 역시 본질적으로 메시지 사역을 감당하는 단체가 될 것을 알았기에, 우리의 첫 번째 책이 그 메시지를 정확히 담아낼 책이 되어야 한다고 느꼈다. 우리는 하나님의 나라와 그분의 영광을 위해 동역하고 성령님이 인도하시는 연합을 함께 이루어가기 원하면서 그 책을 놓고 기도했다. 그때 하나님은 내게 규장과 동역할 것을 알려주셨다.

그동안 나는 규장과 여진구 대표가 성령님을 더 깊이 알고 성령님이 임하시는 예배를 통해 하나님을 더욱 친밀히 만나기를 묵묵히 기도해왔다. 그런데 때마침 반가운 소식이 들려왔다. 2007년 4월 규장에서 성령님을 체험하는 강력한 역사가 일어났다는 것이었다. 그 소식을 듣고 나는 매우 기뻤다. 규장 출판사를 통해 선한 일을 이루시는 주님께 감사드린다. 성령님이 그들 안에 행하시고, 그들을 통해 이루시는 놀라운 일들에 감사드린다.

《하나님 예배자》 다음으로 출간될 책은 성령 하나님에 관한 책이다. 성령님에 집중하여 성령 하나님이 누구신지 살필 것이다. 특히 예수님을 바라보고 그분을 자신의 구주로 믿을 때 일어나는 성령님의 새로운 역사에 초점을 맞추어, 성령님이 어떻게 신자들을 이끄시는지, 그들의 삶 가운데 어떤 일들을 행하시는지 구체적으로 나누기를 소망한다.

아무쪼록 이 책과 앞으로 나올 책들을 통해 하나님의 선하신 일이 지속적으로 이루어지기를 간절히 기도한다. 그리고 이 책을 읽는 당신에게 아버지의 사랑이 충만하기를, 그분의 아들의 은혜가 당신을 깨우고 변화시키기를, 그분의 성령이 당신에게 지속적으로 능력을 더해주시기를 기도한다.

예수 그리스도의 변치 않는 사랑 안에서

스캇 브래너

하나님 예배자

초판 1쇄 발행	2009년 5월 14일
초판 8쇄 발행	2024년 1월 22일
지은이	스캇 브래너
옮긴이	전의우
펴낸이	여진구
편집	이영주 박소영 최현수 안수경 김도연 김아진 정아혜
책임디자인	마영애 노지현 조은혜 이하은
홍보 · 외서	진효지
마케팅	김상순 강성민
마케팅지원	최영배 정나영
제작	조영석 허병용
경영지원	김혜경 김경희

303비전성경암송학교 유니게 과정
이슬비전도학교 / 303비전성경암송학교 / 303비전꿈나무장학회

펴낸곳   규장

주소 06770 서울시 서초구 매헌로 16길 20(양재2동) 규장선교센터
전화 02)578-0003   팩스 02)578-7332
이메일 kyujang0691@gmail.com   홈페이지 www.kyujang.com
페이스북 facebook.com/kyujangbook   인스타그램 instagram.com/kyujang_com
카카오스토리 story.kakao.com/kyujangbook
등록일 1978.8.14. 제1-22

ⓒ 저자와의 협약 아래 인지는 생략되었습니다.
이 출판물은 저작권법에 의해 보호를 받는 저작물이므로 무단 전재와 무단 복제를 할 수 없습니다.

책값 뒤표지에 있습니다.
ISBN 978-89-6097-113-4 03230

규 | 장 | 수 | 칙

1. 기도로 기획하고 기도로 제작한다.
2. 오직 그리스도의 성품을 사모하는 독자가 원하고 필요로 하는 책만을 출판한다.
3. 한 활자 한 문장에 온 정성을 쏟는다.
4. 성실과 정확을 생명으로 삼고 일한다.
5. 긍정적이며 적극적인 신앙과 신행일치에의 안내자의 사명을 다한다.
6. 충고와 조언을 항상 감사로 경청한다.
7. 지상목표는 문서선교에 있다.

하나님을 사랑하는 자 곧 그의 뜻대로 부르심을 입은 자들에게는 모든 것이 合力하여 善을 이루느니라(롬 8:28)

규장은 문서를 통해 복음전파와 신앙교육에 주력하는 국제적 출판사들의 협의체인 복음주의출판협회(E.C.P.A:Evangelical Christian Publishers Association)의 출판정신에 동참하는 회원(Associate Member)입니다.